Christine Grohmann-Steiger / Wilfried Schneider / Ingrid Dobrovits
Einführung in die Buchhaltung im Selbststudium

Einführung in die Buchhaltung im Selbststudium

Band II
Übungsteil

19., aktualisierte und ergänzte Auflage

Mag. Dr. Christine Grohmann-Steiger
Univ.-Prof. Dr. Wilfried Schneider
Mag. Ingrid Dobrovits

facultas.wuv

Bibliografische Information Der Deutschen Nationalbibliothek

Die Deutsche Nationalbibliothek verzeichnet diese Publikation in der Deutschen Nationalbibliografie; detaillierte bibliografische Daten sind im Internet über http://dnb.d-nb.de abrufbar.

Alle Angaben in diesem Fachbuch erfolgen trotz sorgfältiger Bearbeitung ohne Gewähr, eine Haftung des Autors oder des Verlages ist ausgeschlossen.

Copyright © 2010 Facultas Verlags- und Buchhandels AG
facultas.wuv Universitätsverlag, Berggasse 5, 1090 Wien, Österreich
Alle Rechte, insbesondere das Recht der Vervielfältigung und der Verbreitung sowie der Übersetzung, sind vorbehalten.
Die Wiedergabe von Gebrauchsnamen, Handelsnamen, Warenbezeichnungen usw. in diesem Werk berechtigt auch ohne besondere Kennzeichnung nicht zu der Annahme, dass solche Namen im Sinne der Warenzeichen- und Markenschutz-Gesetzgebung als frei zu betrachten wären und daher von Dritten benutzt werden dürften.
Satz: Auer Grafikdienst, 1040 Wien
Druck: Facultas Verlags- und Buchhandels AG
Printed in Austria
ISBN 978-3-7089-0656-0

- Zu fast jedem Kapitel der Informationen finden Sie Übungsbeispiele.
  Sie werden durch einen Pfeil, in dem die Nummern der Übungsbeispiele im Übungsteil angegeben sind, auf diese Übungen verwiesen.

 Arbeiten Sie bitte die Übung Nr. ... im Übungsteil

- Dieser Übungsteil ist wie folgt aufgebaut:
  - Übungen zu den einzelnen Kapiteln sind durch Überschriften hervorgehoben
  - Die Übungsbeispiele sind laufend nummeriert
  - Jedes Übungsbeispiel beginnt mit der Angabe, daran schließen, falls erforderlich, Leerkonten oder Raster für Buchungssätze an.

- Versuchen Sie jedes Übungsbeispiel selbstständig zu lösen. Lesen Sie nur bei Problemen den Kommentar (schließt an die Angabe bzw. an die Leerkonten oder Raster an). Die Kommentare geben jeweils nur zu neuen Problemstellungen Hilfe.

- Nach dem Kommentar finden Sie den Verweis auf die Lösung. Die Lösungen finden Sie als Anhang X am Ende des Informationsteiles. Sie sind entsprechend den Übungsbeispielen nummeriert.

- Nach jedem Übungsbeispiel sowie deren Lösung finden Sie einen Verweis entweder auf das nächste Übungsbeispiel oder einen Rückverweis auf den Informationsteil.

- Der Rückverweis auf den Informationsteil ist ebenfalls durch einen Pfeil gekennzeichnet.

 Informationen zu den nächsten Beispielen im Informationsteil, Kapitel ...

Die Übungsbeispiele sind als Selbstkontrolle Ihres Lernfortschritts gedacht. Versuchen Sie daher, die Aufgaben wirklich selbstständig zu lösen. Schlagen Sie erst dann in den Lösungen nach, wenn Sie mit der Aufgabe fertig sind.

Übungen zu 1.5 – Das Konto

Übung 1

Ermitteln Sie bitte den Saldo des nachfolgenden Kontos

Dat.	Beleg	Text	Soll	Haben
2.10.	ER 160	Kauf Handelswaren		5.000,00
4.10.	B 112	Überweisung	2.000,00	
7.10.	B 115	Überweisung	1.000,00	
14.10.	ER 187	Kauf Büromaterial		1.000,00
20.10.	KA 345	Barzahlung	500,00	

Handelt es sich bei diesem Saldo um einen

    ☐ Sollsaldo

    ☐ Habensaldo   Zutreffendes bitte ankreuzen.

Kommentar zu Ü 1

Hier werden Sie sicher keine zusätzliche Hilfe benötigen.
Vergleichen Sie gleich Ihre Lösung mit der Musterlösung.

Nach Lösungsvergleich ⟶ weiter mit Übung 2

Übung 2

(1) Verbuchen Sie im unten abgebildeten Kassakonto folgende Tatbestände:
    (a) Wir verkaufen Waren gegen Barzahlung um EUR 4.000,00.
    (b) Wir zahlen für die Miete unseres Geschäftslokals EUR 500,00 bar.

(2) Errechnen Sie bitte den Saldo und setzen Sie diesen ein.

(3) Bilden Sie die Summen der Betragsspalten und schließen Sie das Konto formal richtig ab.

KASSAKONTO

Dat.	Text	Soll	Haben
1.2.	Anfangsbestand	1.500,00	
	Wareneinkauf		1.000,00
	Kauf Reinigungsmaterial		220,00

Obiges Kassakonto zeigt einen

    ☐ Sollsaldo

    ☐ Habensaldo   Zutreffendes bitte ankreuzen.

Das Kassakonto ist der Form nach ein

☐ paginiertes Konto

☐ foliiertes Konto   Zutreffendes bitte ankreuzen.

Kommentar zu Ü 2

ad (1a) Wir haben Waren verkauft und dafür Bargeld bekommen. Unser Kassabestand wurde dadurch erhöht. Wir geben also Geld in die Kassa dazu, d.h. wir buchen EUR 4.000,00 im Soll, wo auch der Anfangsbestand verbucht wurde.

ad (1b) Wir zahlen Miete, d.h. wir nehmen dafür Geld aus der Kassa. Der Kassabestand wird dadurch weniger, wir ziehen EUR 500,00 vom Kassabestand ab, d.h. wir buchen den Betrag auf der Gegenseite, also im Haben.

ad (2) Am Kassakonto ist immer die Sollseite (Bestand) größer. Sie wissen selbst, wenn Sie in Ihrer Geldbörse kein Geld mehr haben, können Sie auch keines herausnehmen. Das Kassakonto hat daher immer einen Sollsaldo. Selbstverständlich könnte der Kontostand auch Null betragen.

Nach Lösungsvergleich ⟶ weiter mit Übung 3.

Übung 3

Verbuchen Sie nachfolgende Tatbestände im untenstehenden Kassakonto.
Statt eines Datums geben Sie bitte die Nummern der 5 Geschäftsfälle an. In die Textspalte tragen Sie bitte eine Kurzbezeichnung für den jeweiligen Geschäftsfall ein. Ermitteln Sie anschließend den Saldo und schließen Sie das Konto ab.

(1) Anfangsbestand EUR 1.000,00
(2) Wir zahlen eine Reparaturrechnung bar EUR 450,00
(3) Wir heben Wechselgeld vom Bankkonto ab und legen es in die Kassa: EUR 500,00
(4) Ein Kunde zahlt seine alte Schuld bar EUR 320,00
(5) Wir geben einem Zusteller ein Trinkgeld EUR 2,00

KASSAKONTO

Nr.	Text	Soll	Haben

Kommentar zu Ü 3

ad (1): Auf der Sollseite des Kassakontos werden die Bestände bzw. Eingänge in die Kassa verbucht.

ad (2): Um eine Rechnung bar bezahlen zu können, müssen wir Geld aus der Kassa nehmen, der Bargeldbestand wird vermindert, daher Buchung im Haben.

ad (3): Wir legen Geld (Wechselgeld) in die Kassa hinein, unser Kassenbestand wird größer. Eingänge werden im Kassakonto im Soll verbucht.

ad (4): Ein Kunde zahlt seine Schuld bar, d.h. wir bekommen von ihm Geld, das wir in die Kassa legen, unser Kassabestand wird wieder vermehrt, daher Verbuchung im Soll.

ad (5): Um ein Trinkgeld geben zu können, müssen Sie Geld aus der Kassa herausnehmen, der Kassabestand wird kleiner. Verminderungen des Kassabestandes werden auf der Gegenseite, also im Haben verbucht.

Nach Lösungsvergleich

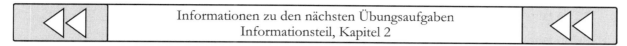

Informationen zu den nächsten Übungsaufgaben
Informationsteil, Kapitel 2

Übungen zu 2.2.1 und 2.2.2 – Inventur, Inventar, Bilanz, Betriebsvermögensvergleich

Übung 4

Erstellen Sie auf einem Blatt Papier aus den untenstehenden Angaben

(1) die Bilanzen per 31.12.2010 und per 31.12.2011 und

(2) ermitteln Sie den Gewinn bzw. den Verlust durch Betriebsvermögensvergleich, wenn der Unternehmer

  a) im Jahr 2011 Privateinlagen von EUR 40.000,00 getätigt hat.

  b) im Jahr 2011 Privatentnahmen von EUR 20.000,00 getätigt hat.

	31.12.2010	31.12.2011
Gebäude	EUR 180.000,00	EUR 160.000,00
Lieferverbindlichkeiten	EUR 80.000,00	EUR 50.000,00
Warenbestand	EUR 30.000,00	EUR 40.000,00
Bankschulden	EUR 50.000,00	EUR 30.000,00
Kassa	EUR 20.000,00	EUR 10.000,00

Kommentar zu Ü 4

ad Bilanzerstellung

Die Aktiva einer Bilanz geben Auskunft über die Mittelverwendung (das Vermögen) eines Unternehmens. Das Vermögen setzt sich in unserem Beispiel zusammen aus: Gebäude, Warenbestand und Kassabestand.

Die Passivseite der Bilanz gibt Auskunft über die Mittelherkunft, über das Kapital. Die Lieferverbindlichkeiten und die Bankschulden sind Fremdkapital.

Aus der Bilanzgleichung ergibt sich das Eigenkapital (Reinvermögen):

Aktiva – Fremdkapital = Eigenkapital (Reinvermögen)

ad Betriebsvermögensvergleich

Beim Betriebsvermögensvergleich wird das Reinvermögen am Ende des Jahres mit dem Reinvermögen zu Beginn dieses Jahres verglichen. Diese Differenz wird um die Privateinlagen/-entnahmen korrigiert.

Variante a) Hätte der Unternehmer keine Privateinlagen getätigt, wären Vermögen und Eigenkapital kleiner. Privateinlagen sind daher abzuziehen.

Variante b) Hätte der Unternehmer keine Privatentnahmen getätigt, wären Vermögen und Eigenkapital höher, d.h. Privatentnahmen sind dazuzuzählen.

Nach Lösungsvergleich ⎯⎯⎯⎯→ weiter mit Übung 5

Übung 5

Erstellen Sie auf einem Blatt Papier aus den untenstehenden Angaben

(1) die Bilanzen per 31.12.2010 und per 31.12.2011 und

(2) ermitteln Sie den Gewinn bzw. den Verlust durch Betriebsvermögensvergleich, wenn der Unternehmer
   a) im Jahre 2011 keine Privatentnahmen oder -einlagen getätigt hat.
   b) im Jahre 2011 Privatentnahmen in Höhe von EUR 30.000,00 getätigt hat.
   c) im Jahre 2011 Privateinlagen von EUR 40.000,00 getätigt hat.

	31.12.2010	31.12.2011
Maschinen	EUR 800.000,00	EUR 700.000,00
Geschäftsausstattung	EUR 400.000,00	EUR 350.000,00
Warenbestand	EUR 100.000,00	EUR 100.000,00
Bankguthaben	EUR 20.000,00	EUR 100.000,00
Lieferantenschulden	EUR 300.000,00	EUR 250.000,00

Beantworten Sie bitte im Anschluss an die Erstellung der Bilanzen und der Durchführung der Betriebsvermögensvergleiche die folgenden

Zusatzfragen:

(1) Welche Positionen in den erstellten Bilanzen werden ziemlich genau den realen Gegebenheiten entsprechen und welche werden eher „verzerrt" sein?
Begründen Sie bitte Ihre Antwort.

(2) Wird der „wahre" Gewinn bzw. das „richtige" Eigenkapital eher größer oder kleiner sein?
Begründen Sie bitte Ihre Antwort.

(3) Stellen Sie für die Schlussbilanz 2011 die Bilanzgleichungen auf.

Kommentar zu Ü 5

ad Bilanzerstellung und Betriebsvermögensvergleich:

Sollten Sie noch Schwierigkeiten gehabt haben, arbeiten Sie bitte nochmals den Kommentar zu Ü 4 bzw. die Informationen im Teil I durch.

ad Zusatzfragen:

(1) Überlegen Sie, bei welchen Vermögensgegenständen Veränderungen (z.B. durch Preisänderungen) wahrscheinlich sind.

(2) Denken Sie an das Prinzip der „kaufmännischen Vorsicht".

Nach Lösungsvergleich ⎯⎯⎯▶ weiter mit Übung 6

Übung 6

Überlegen Sie, wie Sie die folgende Bilanz aufstellen können:

Gebäude	EUR	250.000,00
Bankschulden	EUR	180.000,00
Warenbestand	EUR	60.000,00
Bankguthaben	EUR	5.000,00
Lieferverbindlichkeiten	EUR	200.000,00

Kommentar zu Ü 6

Hier sind die Schulden größer als das Vermögen.

o In der Bilanz müsste diese Überschuldung durch den Posten „Negatives Eigenkapital" auf der Passivseite der Bilanz ausgewiesen werden – vgl. § 225 UGB (**Anhang I**) – diese Art des Ausweises kann in allen Unternehmensformen angewendet werden.

o Natürlich müsste nun überlegt werden, wie das Unternehmen saniert werden könnte.

Nach Lösungsvergleich

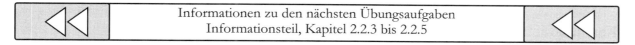

Informationen zu den nächsten Übungsaufgaben
Informationsteil, Kapitel 2.2.3 bis 2.2.5

Übungen zu 2.2.3 – Die Erfolgsermittlung durch die Gewinn- und Verlustrechnung
Übungen zu 2.2.4 – Die doppelte Gewinnermittlung

Übung 7

○ Erstellen Sie in übersichtlicher Form auf einem Extrablatt aus den nachfolgenden Positionen
  – die Eröffnungsbilanz und die Schlussbilanz jeweils für Variante A und B sowie
  – die Gewinn- und Verlustrechnung (Variante A und B) einer Boutique, die in einem gemieteten Geschäftslokal tätig ist.

○ Kontrollieren Sie, ob die doppelte Gewinnermittlung in beiden Fällen zum gleichen Ergebnis führt.

Beachten Sie bitte:

○ Sie müssen die Daten erst richtig ordnen und sich ihre Veränderungen überlegen.

Beispiel: Ermittlung (Kontrolle) des Kassenbestandes, Variante A:

	Anfangsbestand	EUR	10.000,00	
+	Barerlöse	EUR	120.000,00	EUR 130.000,00
–	Bareinkäufe	EUR	40.000,00	
–	Schuldenzahlung	EUR	25.000,00	
–	Miete, Gehälter	EUR	27.000,00	
–	Privatentnahme	EUR	30.000,00	EUR 122.000,00
=	Kassaendbestand			EUR 8.000,00

○ Haben Sie die Endbestände aller Bestandskonten ermittelt, müssen Sie die Schlussbilanz aufstellen. Um die G+V-Rechnung erstellen zu können, müssen Sie den tatsächlichen Verbrauch ermitteln. Haben Sie Schwierigkeiten, gehen Sie das Beispiel mit dem Maronibrater nochmals durch.

○ Bevor Sie zu Variante B gehen, sollten Sie die Lösung und den Kommentar zu Variante A durcharbeiten.

Endbestände des Vorjahres	**Variante A**	**Variante B**
Warenbestand	EUR 20.000,00	EUR 15.000,00
Kassenbestand	10.000,00	20.000,00
Lieferantenschulden	15.000,00	10.000,00
Während des Jahres ergaben sich **folgende Geschäftsfälle:**		
Erlöse aus Warenverkäufen bar	120.000,00	90.000,00
Wareneinkäufe gegen Barzahlung	40.000,00	30.000,00
Wareneinkäufe gegen Schulden	20.000,00	15.000,00
Barzahlung von Schulden	25.000,00	10.000,00
Barzahlung Miete	12.000,00	15.000,00
Barzahlung Gehalt	15.000,00	30.000,00
Privatentnahme bar	30.000,00	18.000,00
Lt. Inventur sind noch Waren im Wert von auf Lager, der Rest wurde um die angegebenen Erlöse verkauft	30.000,00	10.000,00
Kassenstand per Jahresende	8.000,00	7.000,00

Zusatzfrage zu Variante B:

Überlegen Sie, wieso Privatentnahmen getätigt werden konnten, obwohl ein Verlust vorliegt.

Kommentar zu Variante A:

Sie sollten in folgenden Schritten vorgehen:

(1) Erstellung der Eröffnungsbilanz (Bilanz des Vorjahres)

(2) Um die Schlussbilanz erstellen zu können, bedarf es einiger Vorarbeiten:

- Kontrolle des Kassenbestandes am Jahresende
  Diese Kontrolle haben wir Ihnen vorweg gezeigt

- Ermittlung der Lieferantenschulden am Jahresende

$$\begin{array}{rl} & \text{Anfangsschuld} \\ + & \text{Wareinkäufe gegen Schulden} \\ - & \text{Schuldenzahlung} \\ \hline & \text{Endschuld} \end{array}$$

(3) Erstellung der Schlussbilanz

(4) Ermittlung des Gewinnes mittels Betriebsvermögensvergleichs

(5) Vor Erstellung der Gewinn- und Verlustrechnung müssen Sie den tatsächlichen Wareneinsatz errechnen

$$\begin{array}{rl} & \text{Warenanfangsbestand} \\ + & \text{Zukäufe} \\ - & \text{Warenendbestand} \\ \hline & \text{Wareneinsatz} \end{array}$$

(6) Nun können Sie das G+V-Konto erstellen und den Gewinn durch Gegenüberstellung der Aufwände und Erträge ermitteln.

(7) Der Gewinn nach Betriebsvermögensvergleich muss gleich sein dem Gewinn, den Sie im G+V-Konto ermittelt haben.

Bearbeiten Sie bitte erst nach Lösungsvergleich – bei Fehlern erst nach nochmaligem Studium der Informationen – Variante B.

Kommentar zu Variante B:

Die Arbeitsschritte sind die gleichen wie bei Variante A, nur mussten Sie diesmal auch den Kassenendbestand kontrollieren.

Sowohl der Betriebsvermögensvergleich als auch die Gegenüberstellung der Aufwände und Erträge zeigen einen Verlust.

Privatentnahmen tätigen heißt, Eigenkapital dem Unternehmen zu entziehen.

Das kann dadurch erfolgen, dass
- man Geld aus der Kasse entnimmt und den Kassenbestand verringert.
- man Waren auf Schulden einkauft, diese bar verkauft, die Erlöse entnimmt und die Waren weiterhin schuldig bleibt.
- Bankschulden erhöht (d.h. aus dem Bankkonto Beträge entnimmt, die die Schulden erhöhen – hier nicht der Fall).

Nach Lösungsvergleich

 Informationen zu den nächsten Übungsaufgaben
Informationsteil, Kapitel 2.3

Einführung in die Buchhaltung im Selbststudium: Übungsteil

Übungen zu 2.3.2 – Die laufenden Buchungen

Übung 8

- Die Geschäftsfälle (a) bis (d) stehen in keinem Zusammenhang.
- Verbuchen Sie die Geschäftsfälle (a) bis (d) auf den vorgegebenen paginierten Konten.
  Tragen Sie das Buchungsdatum in der Datumspalte ein.
  In der Textspalte sind Belegsymbol und Belegnummer anzugeben.
- Beachten Sie bitte bei jeder Buchung den Grundsatz

  Mittelverwendung = Sollbuchung

  Mittelherkunft = Habenbuchung

(a) Wir heben EUR 500,00 vom Bankkonto ab und legen diesen Betrag in die Geschäftskasse. Buchung am 4.10., Beleg KE 93.

Kassa

Dat.	Text	Soll	Haben

Bank

Dat.	Text	Soll	Haben
	Div.	48.500,00	

(b) Wir kaufen eine neue Ladeneinrichtung auf Ziel EUR 15.000,00. Buchung am 7.10., Beleg ER 184.

Betriebs- und Geschäftsausstattung

Dat.	Text	Soll	Haben

Lieferverbindlichkeiten

Dat.	Text	Soll	Haben

(c) Wir begleichen eine Lieferverbindlichkeit in Höhe von EUR 12.000,00 durch Banküberweisung. Buchung am 27.10., Beleg B 195.

Beachten Sie:
Die Beträge auf den beiden Konten stellen die momentanen Bestände dar.

Bank

Dat.	Text	Soll	Haben
	Div.	48.000,00	

Lieferverbindlichkeiten

Dat.	Text	Soll	Haben
	Div.		35.000,00

(d) Wir nehmen ein Darlehen in Höhe von EUR 50.000,00 auf. Dieser Betrag wird zunächst unserem Bankkonto gutgeschrieben. Buchung am 30.10., Beleg B 198.

Bank

Dat.	Text	Soll	Haben

Darlehen

Dat.	Text	Soll	Haben

Kommentar zu Ü 8

ad (a) Durch die Abhebung vom Bankkonto bekommen wir Geldmittel, daher
Bank Haben EUR 500,00 (Herkunft).
Das Geld wird dazu verwendet, den Kassabestand zu erhöhen:
Kassa Soll EUR 500,00 (Verwendung).

ad (b) Wir vermehren unseren Vermögensbestand, nämlich durch den Kauf von einer neuen Ladeneinrichtung:
Betriebs- und Geschäftsausstattung Soll EUR 15.000,00 (Verwendung).
Die Mittel sind Fremdkapital, da wir die Rechnung zunächst schuldig bleiben. Wir gehen eine Verbindlichkeit ein.
Lieferverbindlichkeiten Haben EUR 15.000,00 (Herkunft).

ad (c) Geld geht aus dem Bankkonto aus. „Überweisen" bedeutet, dass Geld von unserem Bankkonto auf das Bankkonto des Empfängers (in diesem Fall auf das Bankkonto unseres Lieferanten) umgebucht – umgeschrieben – wird. Von unserem Bankkonto wird der Betrag abgebucht, dem Bankkonto unseres Lieferanten wird der Betrag gutgeschrieben.
Die Abbuchung vom Bankkonto bedeutet eine Verringerung dieses Vermögensbestandes.
Bankkonto Haben EUR 12.000,00 (Herkunft).
Diese Mittel verwenden wir dazu, Schulden (Lieferverbindlichkeiten) zurückzuzahlen, also zu verringern.
Lieferverbindlichkeiten Soll EUR 12.000,00 (Verwendung).

ad (d) Unserem Bankkonto werden EUR 50.000,00 gutgeschrieben, d.h. der Bestand auf dem Bankkonto wird mehr. Wir verwenden Geldmittel, um den Bestand am Bankkonto zu erhöhen.
Bankkonto Soll EUR 50.000,00 (Verwendung).
Woher kommt dieses Geld? Wir haben diesen Betrag von einem Geldinstitut oder von einer Privatperson in Form eines Darlehens erhalten. Ein erhaltenes Darlehen bedeutet für uns Fremdkapital.
Darlehen Haben EUR 50.000,00 (Herkunft).

Nach Lösungsvergleich ⟶ weiter mit Übung 9

Übung 9

Die angeführten Geschäftsfälle stehen in direktem Zusammenhang. Ausgangspunkt ist die Bargründung einer Unternehmung.

Nehmen Sie die Verbuchung auf den vorgegebenen Konten vor. Die Konten sind zu diesem Zweck entsprechend zu benennen.

Soll- und Habenbuchung jedes Geschäftsfalles kennzeichnen Sie durch Angabe der Ziffer des Geschäftsfalles in der Textspalte der betreffenden Konten.

(1) Wir gründen ein Einzelunternehmen zur Möbelerzeugung. Wir legen zu diesem Zweck EUR 20.000,00 in die Geschäftskasse und eröffnen ein Postsparkassenkonto (PSK-Konto) mit einer Einlage von EUR 40.000,00.

(2) Wir kaufen eine Schleifmaschine um EUR 15.000,00; EUR 5.000,00 davon zahlen wir bar. Die restlichen EUR 10.000,00 stundet uns der Lieferant.

(3) Wir kaufen eine Werkbank: EUR 18.000,00. Wir zahlen die Rechnung durch Überweisung vom PSK-Konto.

(4) Wir eröffnen ein Bankkonto und überweisen EUR 10.000,00 vom PSK-Konto auf das neu eröffnete Bankkonto.

(5) Wir zahlen die Schuld an unseren Lieferanten durch Überweisung vom PSK-Konto.

Text	Soll	Haben

Text	Soll	Haben

Text	Soll	Haben

Text	Soll	Haben

Text	Soll	Haben

Text	Soll	Haben

Text	Soll	Haben

Text	Soll	Haben

Kommentar zu Ü 9

ad (1) Die verwendeten Mittel zur Geschäftsgründung stammen vom Eigentümer, daher
　　　　Eigenkapital Haben EUR 60.000,00 (Herkunft).
　　　Ein Teil der Mittel wird in die Geschäftskasse eingelegt:
　　　　Kassakonto Soll EUR 20.000,00 (Verwendung).
　　　Der größere Teil des Eigenkapitals wird auf ein PSK-Konto eingezahlt:
　　　　PSK-Konto Soll EUR 40.000,00 (Verwendung).

ad (2) Wir erwerben ein Vermögensgut, nämlich eine Schleifmaschine. Die Schleifmaschine zählt zum Anlagevermögen der Möbelerzeugung. Zugänge zu Vermögensgütern stellen Mittelverwendung dar und verlangen eine Sollbuchung:
　　　　Maschinen Soll EUR 15.000,00 (Verwendung).
　　　Die Mittel zum Erwerb dieser Maschine stammen einerseits aus der Kassa (EUR 5.000,00), andererseits stellen sie Fremdkapital dar (wir sind sie dem Lieferanten schuldig geblieben).
　　　　Kassakonto Haben EUR 5.000,00 (Herkunft)
　　　　Lieferverbindlichkeiten Haben EUR 10.000,00 (Herkunft).

ad (3) Ein weiteres Vermögensgut wird erworben, nämlich eine Werkbank. Die Werkbank zählt ebenfalls zum Anlagevermögen der Möbelerzeugung. Die Werkbank zählt zu den Maschinen, wir verbuchen diesen Kauf daher auf dem Konto „Maschinen". Natürlich besteht auch die Möglichkeit, für jedes Anlagegut ein eigenes Konto zu führen. Die Art der Kontenführung hängt sicher von der Größe des Unternehmens bzw. vom Umfang des Anlagevermögens ab. Auf jeden Fall wird für alle Anlagegüter eine Anlagekartei geführt (vgl. 2.1.2).
Wir verbuchen die Anschaffung der Werkbank
  Maschinen Soll EUR 18.000,00 (Verwendung).
Die Mittel, um die Maschine zu bezahlen, nehmen wir von unserem PSK-Konto:
  PSK-Konto Haben EUR 18.000,00 (Herkunft).

ad (4) Dieser Geschäftsfall bedeutet nichts anderes als eine Verschiebung innerhalb unserer Vermögensgüter. Das Vermögensgut PSK-Konto wird verringert, dafür wird ein Vermögensgut „Bank" geschaffen.
Der Betrag, den wir vom PSK-Konto abbuchen lassen:
  PSK-Konto Haben EUR 10.000,00 (Herkunft)
wird dazu verwendet, als Bestand auf dem neueröffneten Bankkonto aufzuscheinen:
  Bank-Konto Soll EUR 10.000,00 (Verwendung).

ad (5) Durch die Zahlung unserer Lieferantenschulden verringern wir den Bestand an Fremdkapital. Kapitalverminderungen verlangen eine Sollbuchung:
  Lieferverbindlichkeiten Soll EUR 10.000,00 (Verwendung).
Die Mittel zur Rückzahlung des Fremdkapitals stammen von unserem PSK-Konto:
  PSK-Konto Haben EUR 10.000,00 (Herkunft).

 Informationen zu den nächsten Übungsaufgaben Informationsteil, Kapitel 2.3.2 (B)

Übungen zu 2.3 – Von der Eröffnungsbilanz zur Schlussbilanz

Übung 10

(1) Bitte verbuchen Sie die folgenden Geschäftsfälle auf den nachfolgenden, entsprechend bezeichneten Konten.
Den Zusammenhang von Buchung und Gegenbuchung stellen Sie bitte durch Angabe des den Geschäftsfall kennzeichnenden Buchstabens ((a), (b) etc.) in der Textspalte her.

(a) Barzahlung der Geschäftsmiete EUR 500,00

(b) Die Telefonrechnung wird vom Bankkonto eingezogen EUR 260,00.

(c) Die Bank schreibt uns Zinsen gut: EUR 45,00

(d) Kauf von Büromaterial (Schreibpapier, Heftklammern, Marker etc.) bar EUR 67,00.

(e) Für ein von uns vermitteltes Geschäft erhalten wir eine Provision in Höhe von EUR 1.200,00 durch Banküberweisung.

(2) Schließen Sie nach Verbuchung der Geschäftsfälle die verwendeten Erfolgskonten gegen das G+V-Konto ab, ermitteln Sie den Erfolg als Saldo des G+V-Kontos.

(3) Übertragen Sie den Saldo des G+V-Kontos auf das Eigenkapitalkonto.

Einführung in die Buchhaltung im Selbststudium: Übungsteil Ü 10

Kassa

Text	Soll	Haben
AB	1.400,00	

Eigenkapital

Text	Soll	Haben
AB		46.000,00

Bank

Text	Soll	Haben
AB	8.240,00	

AUFWANDKONTEN

Mietaufwand

Text	Soll	Haben

Telefongebühren

Text	Soll	Haben

Büromaterial

Text	Soll	Haben

ERTRAGSKONTEN

Zinsertrag

Text	Soll	Haben

Provisionserträge

Text	Soll	Haben

Gewinn- und Verlustkonto

Text	Soll	Haben

(4) Bitte beantworten Sie die beiden Fragen:

(a) Der Saldo des G+V-Kontos ist ein:

    ☐ Gewinn

    ☐ Verlust   Zutreffendes bitte ankreuzen!

(b) Das Eigenkapital wurde durch den Übertrag des Saldos des G+V-Kontos

    ☐ erhöht

    ☐ vermindert   Zutreffendes bitte ankreuzen!

Das neue Eigenkapital beträgt EUR _____

Kommentar zu Ü 10

ad (1) Beachten Sie bitte bei allen fünf Geschäftsfällen den Grundsatz:
Aufwand ⟶ Mittelverwendung ⟶ Soll
Ertrag ⟶ Mittelherkunft ⟶ Haben

(a) Wir nehmen Geld aus der Geschäftskasse, daher
Kassakonto Haben EUR 500,00 (Herkunft).
Damit bezahlen wir die Miete für das Geschäftslokal. Diese Miete ist für uns Aufwand:
Mietaufwand Soll EUR 500,00 (Verwendung).

(b) Die Telefonrechnung stellt für das Unternehmen Aufwand dar, daher
Telefongebühren Soll EUR 260,00 (Verwendung).
Da der Betrag von unserem Bankkonto eingezogen wird, wird unser Bankguthaben kleiner.
Bankkonto Haben EUR 260,00 (Herkunft).

(c) Wenn wir für unser Bankguthaben Zinsen bekommen, so bedeutet das einen Ertrag.
Erträge bringen dem Unternehmen Mittel, daher
Zinsertrag Haben EUR 45,00 (Herkunft).
Diese Zinsen werden dem Bankkonto gutgeschrieben, d.h. sie vermehren den Bestand auf dem Bankkonto:
Bankkonto Soll EUR 45,00 (Verwendung).

(d) Büromaterial wird sofort als Aufwand verbucht. Sie werden vielleicht einwenden, dass es sich auch hier um Bestände handelt, nämlich um Bestände an Schreibpapier, Heftklammern etc. Dieser Einwand ist sicher richtig. Bedenken Sie nur, wie schnell diese Bestände aufgebraucht sind und durch neue ersetzt werden müssen, bzw. wie wenig davon meistens am Jahresende vorhanden sind. Solche „Verbrauchsmaterialien" werden sofort als Aufwand verbucht:
Büromaterial Soll EUR 67,00 (Verwendung).
Das Geld dafür nehmen wir aus der Kassa:
Kassakonto Haben EUR 67,00 (Herkunft).

(e) Wir bekommen Geld von unserem Geschäftspartner für ein von uns vermitteltes Geschäft. Man bezeichnet Zahlungen, die man für die Vermittlung eines Geschäftes erhält bzw. zu zahlen hat, als Provisionen. Erhaltene Provisionen sind als Erträge zu verbuchen:
Provisionsertrag Haben EUR 1.200,00 (Herkunft).
Der Betrag wird unserem Bankkonto gutgeschrieben, d.h. der Bestand auf dem Bankkonto wird vermehrt.
Bankkonto Soll EUR 1.200,00 (Verwendung).

ad (2) Die Aufwand- und Ertragskonten abschließen heißt, den Saldo des jeweiligen Kontos zu bilden und diese Salden auf das G+V-Konto zu übertragen.
Am G+V-Konto erfolgt die Gegenüberstellung der Aufwände und Erträge, um so den Erfolg ermitteln zu können. Folgende Konten müssen gegen das G+V-Konto abgeschlossen werden:
Mietaufwand, Telefongebühren, Büromaterial als Aufwandkonten; Zinsertrag und Provisionsertrag als Ertragskonten.

ad (3)
und (4)   Das G+V-Konto ist ein Vorkonto zum Eigenkapitalkonto. Aufwände und Erträge verändern das Eigenkapital. Diese Veränderung wird durch Übertragung des Saldos des G+V-Kontos auf das Eigenkapitalkonto dargestellt.

In diesem Beispiel sind die Erträge größer als die Aufwände, d.h. der Saldo ist ein Habensaldo, der im Soll des G+V-Kontos eingesetzt wird. Es handelt sich also um einen Gewinn.

Gewinne vermehren das Eigenkapital. Vermehrungen des Eigenkapitals stellen Mittelherkunft dar und werden daher im Haben des Eigenkapitalkontos verbucht.

Nach Lösungsvergleich ⟶ weiter mit Übung 11

Übung 11

(1) Verbuchen Sie die folgenden Geschäftsfälle auf den untenstehenden Konten. Versuchen Sie diesmal selbst, die Konten entsprechend zu benennen. Wir haben nur das Konto Handelswarenverbrauch schon bezeichnet. Den Zusammenhang von Soll- und Habenbuchung eines Geschäftsfalles stellen Sie durch Angabe des Buchstabens des Geschäftsfalles in den Textspalten her. Die zur Verbuchung dieser Geschäftsfälle notwendigen Bestandskonten sind – mit entsprechenden Anfangsbeständen versehen – schon vorgegeben.

   (a) Wir heben vom Bankkonto EUR 3000,00 für den Privaturlaub ab.
   (b) Kauf von Handelswaren auf Ziel um EUR 5.000,00.
   (c) Zahlung eines Gehaltsvorschusses an einen Angestellten: EUR 500,00 bar.
   (d) Wir haben einen Teil unserer Lagerräumlichkeiten vermietet. Wir erhalten dafür an Miete EUR 1.000,00 durch Banküberweisung.
   (e) Wir verkaufen Handelswaren um EUR 15.000,00. EUR 5.000,00 überweist unser Kunde sofort, den Rest bleibt er uns schuldig.

(2) Der Endbestand laut Inventur beträgt EUR 3.000,00. Ermitteln Sie den tatsächlichen Verbrauch und erstellen Sie die Korrekturbuchung.

(3) Schließen Sie die Erfolgskonten entsprechend ab.

(4) Ermitteln Sie den Erfolg aus diesen Geschäftsfällen und übertragen Sie den Saldo des G+V-Kontos auf das Eigenkapitalkonto.

Kassa

Text	Soll	Haben
AB	1.500,00	

Eigenkapital

Text	Soll	Haben
AB		20.000,00

Bank

Text	Soll	Haben
AB	5.000,00	

Lieferverbindlichkeiten

Text	Soll	Haben
AB		10.000,00

Handelswarenvorrat

Text	Soll	Haben
AB	4.000,00	

Lieferforderungen

Text	Soll	Haben
AB	12.000,00	

Handelswarenverbrauch

Text	Soll	Haben

Text	Soll	Haben

Text	Soll	Haben

Text	Soll	Haben

Text	Soll	Haben

Text	Soll	Haben

Gewinn- und Verlustkonto

Text	Soll	Haben

(5) Bitte beantworten Sie die drei Fragen:

(a) Der Saldo des G+V-Kontos ist ein:

☐ Gewinn

☐ Verlust   Zutreffendes bitte ankreuzen!

(b) Das neue Eigenkapital beträgt EUR _____.

(c) Der Rohgewinn beträgt EUR _____.

Kommentar zu Ü 11

ad (1)
(a) Einlagen bzw. Entnahmen des Eigentümers verändern das Eigenkapital des Unternehmens. Diese Veränderungen werden in der Regel auf einem eigenen Vorkonto zum Eigenkapitalkonto verbucht (vgl. 2.3.2 (10) im Informationsteil).
Privatentnahmen vermindern das Eigenkapital:
Privatkonto Soll EUR 3.000,00 (Verwendung).
Das Geld für diesen Privaturlaub wurde vom Geschäftsbankkonto abgehoben:
Bankkonto Haben EUR 3.000,00 (Herkunft).

(b) Warenzukäufe werden in der Praxis meistens sofort als Aufwand verbucht. Wir folgen in dieser Unterlage den Überlegungen der Praxis (vgl. 2.3.2 (5) im Informationsteil).
Handelswarenverbrauch Soll EUR 5.000,00 (Verwendung)
Das Geld stammt vom Lieferanten, wir bleiben diesen Betrag zunächst schuldig:
Lieferverbindlichkeiten Haben EUR 5.000,00 (Herkunft).

(c) Ein Angestellter erhält einen Vorschuss auf sein Gehalt. Gehälter sind für das Unternehmen Aufwand.
Gehälter (Gehaltsaufwand) Soll EUR 500,00 (Verwendung)
Das Geld wird bar ausbezahlt, d.h. der Geschäftskasse entnommen:
Kassakonto Haben EUR 500,00 (Herkunft).

(d) Wir erzielen durch die Vermietung unserer Lagerräumlichkeiten einen Ertrag
Mietertrag Haben EUR 1.000,00 (Herkunft).
Die Mietzahlung erhöht den Bestand auf dem Bankkonto:
Bankkonto Soll EUR 1.000,00 (Verwendung).

(e) Wir erzielen durch den Verkauf von Handelswaren einen Ertrag
Handelswarenerlöse (Umsatzerlöse) Haben EUR 15.000,00 (Herkunft).
EUR 5.000,00 überweist unser Kunde sofort:
Bankkonto Soll EUR 5.000,00 (Verwendung);
EUR 10.000,00 bleibt uns der Kunde schuldig. Wir borgen dem Kunden diesen Betrag, wir haben an ihn eine Forderung:
Lieferforderungen Soll EUR 10.000,00 (Verwendung).

ad (2) Am Periodenende muss der tatsächliche Warenverbrauch ermittelt werden. Es werden zum Anfangsbestand die Zukäufe addiert und davon der Endbestand abgezogen.
Unsere Rechnung lautet daher:

Anfangsbestand	EUR	4.000,00
Zukäufe	EUR	5.000,00
	EUR	9.000,00
Endbestand	EUR	3.000,00
Tatsächlicher Verbrauch	EUR	6.000,00

Diese Rechnung zeigt, dass wir um EUR 1.000,00 mehr verbraucht haben, als unsere Zukäufe betrugen.
Um diese EUR 1.000,00 ist der Verbrauch zu erhöhen:
Handelswarenverbrauch Soll EUR 1.000,00 (Verwendung).
Diese Waren wurden aus dem Vorrat entnommen, dieser ist daher zu vermindern:
Handelswarenvorrat Haben EUR 1.000,00 (Herkunft).

ad (3) Beim Abschluss der verwendeten Konten mussten Sie unterscheiden zwischen Aufwand- und Ertragskonten, deren Salden zunächst im G+V-Konto gegenübergestellt werden, und dem Privatkonto, das direkt gegen das Eigenkapitalkonto abgeschlossen wird.
Die Salden der Konten „Handelswarenverbrauch", „Gehälter", „Mietertrag" und „Handelswarenerlöse" werden also auf das G+V-Konto übertragen.

Die Privatentnahme verringert das Eigenkapital, daher
Eigenkapitalkonto Soll EUR 3.000,00
Privatkonto Haben EUR 3.000,00.

ad (4) Am G+V-Konto ist die Ertragsseite größer als die Aufwandseite, wir haben einen Gewinn. Der Saldo wird im Soll des G+V-Kontos eingesetzt. Gewinne erhöhen das Eigenkapital daher
Eigenkapital Haben EUR
G+V-Konto Soll EUR

ad (5) Das Eigenkapital hat sich um die
- Privatentnahme verringert und um den
- Gewinn erhöht.

	Anfangsbestand an Eigenkapital	EUR	20.000,00
–	Privatentnahme	EUR	3.000,00
+	Gewinn	EUR	9.500,00
	Neues Eigenkapital	EUR	26.500,00

Der Rohgewinn ist die Differenz zwischen den Verkaufserlöse und den Verbrauch von Handelwaren:

Handelswarenerlöse	EUR 15.000,00
Handelswarenverbrauch	EUR 6.000,00
Rohgewinn	EUR 9.000,00

Nach Lösungsvergleich ──────▶ weiter mit Übung 12

Übung 12 – Eröffnungsbuchungen, laufende Buchungen, Abschlussbuchungen

a) Bitte **eröffnen** Sie alle Bestandskonten und das Eigenkapitalkonto mit Hilfe des EBK. Tragen Sie in der Textspalte jeweils den Namen des Gegenkontos bzw. dessen Kurzbezeichnung ein.
Das **Eröffnungsinventar** zeigt folgendes Bild:

I. Betriebsvermögen

1. Anlagevermögen
1.1. Maschinen EUR 50.000,00
1.2. Fuhrpark EUR 30.000,00 EUR 80.000,00

2. Umlaufvermögen
2.1. Warenbestand EUR 30.000,00
2.2. Forderungen EUR 25.000,00
2.3. Bank EUR 10.000,00
2.4. Kassa EUR 5.000,00 EUR 70.000,00
Summe der Aktiva EUR 150.000,00

II. Fremdkapital
1. Darlehen EUR 45.000,00
2. Lieferverbindlichkeiten EUR 30.000,00
Summe der Passiva EUR 75.000,00

Einführung in die Buchhaltung im Selbststudium: Übungsteil Ü 12

b) **Verbuchen Sie die folgenden Geschäftsfälle.**
Benennen Sie alle Konten sinngemäß. In der Textspalte ist die Nummer des Geschäftsfalles anzugeben (also (1), (2) usw.).

(1) Wareneinkauf auf Ziel EUR 50.000,00
(2) Warenverkauf auf Ziel EUR 40.000,00
(3) Wir haben gegen einen Kunden eine Forderung in Höhe von EUR 20.000,00 (ist im Gesamt-Forderungsbestand enthalten). Die Zahlung des Kunden ersehen wir aus dem Kontoauszug (Gutschrift am Bankkonto).
(4) Überweisung der Löhne EUR 18.000,00
(5) Barzahlung von Reparaturen EUR 3.000,00
(6) Wir zahlen Lieferverbindlichkeiten durch Banküberweisung zurück: EUR 10.000,00
(7) Wir zahlen die Zinsen für das Darlehen durch Banküberweisung: EUR 1.000,00
(8) Warenverkauf auf Ziel EUR 70.000,00

c) Laut Inventur beträgt der Warenendbestand EUR 20.000,00. Ermitteln Sie bitte den Wareneinsatz und stellen Sie die erforderliche Korrekturbuchung dar.

d) An Abschreibungen sind zu verbuchen:
   – EUR 5.000,00 für Maschinen
   – EUR 10.000,00 für Fuhrpark.

e) Nehmen Sie bitte alle Abschlussbuchungen vor. Zu Ihrer Hilfe wollen wir hier nochmals alle Schritte aufzählen:
   – Abschluss der Aufwand- und Ertragskonten gegen G+V
   – Abschluss des G+V-Kontos gegen das Eigenkapitalkonto
   – Abschluss der aktiven und passiven Bestandskonten gegen das Schlussbilanzkonto
   – Abschluss des Eigenkapitalkontos gegen das Schlussbilanzkonto.
Im Schlussbilanzkonto muss nun die Sollseite gleich groß sein wie die Habenseite.

Text	Soll	Haben

Text	Soll	Haben

Text	Soll	Haben

Text	Soll	Haben

Text	Soll	Haben

Text	Soll	Haben

Text	Soll	Haben

Text	Soll	Haben

Text	Soll	Haben

Text	Soll	Haben

Einführung in die Buchhaltung im Selbststudium: Übungsteil　　Ü 12

Text	Soll	Haben

Text	Soll	Haben

Text	Soll	Haben

Text	Soll	Haben

Text	Soll	Haben

Text	Soll	Haben

Text	Soll	Haben

Text	Soll	Haben

Kommentar zu Ü 12

ad a) Auf aktiven Bestandskonten (= Vermögenskonten) wird der Anfangsbestand im Soll gebucht, auf passiven Bestandskonten im Haben. Das Eröffnungsbilanzkonto nimmt formal die Gegenbuchungen zu diesen Eröffnungsbuchungen auf. Dadurch kann auch bei den Eröffnungsbuchungen der Grundsatz „jede Sollbuchung braucht eine gleich große Habenbuchung" eingehalten werden.

ad b) Ein Großteil dieser Geschäftsfälle wurde schon in früheren Beispielen erklärt. Wir beschränken daher den Kommentar auf jene Geschäftsfälle, die Sie noch nie oder noch nicht oft geübt haben.

(3) In unserem Forderungsbestand ist eine Forderung in Höhe von EUR 20.000,00 enthalten. Diese Forderung wird durch den Kunden bezahlt. Durch die Kundenzahlung bekommen wir Mittel:
Lieferforderungen Haben EUR 20.000,00 (Herkunft).
Verwendet werden diese Mittel um unseren Kontostand am Bankkonto zu vergrößern:
Bankkonto EUR 20.000,00 (Verwendung).

(7) Borgt man sich Geld von einem Kreditinstitut aus, nimmt man also Darlehen auf, so muss man dafür Zinsen zahlen. Diese Zinsen sind Aufwand, sie werden daher im Soll auf dem entsprechenden Aufwandkonto verbucht:
Zinsaufwand Soll EUR 1.000,00 (Verwendung).
Das Geld für diese Zinszahlung wird von unserem Bankkonto abgebucht:
Bankkonto Haben EUR 1.000,00 (Herkunft).

ad c) Wir ermitteln den Wareneinsatz indirekt, d.h. wir haben die Entnahmen nicht aufgezeichnet:

Anfangsbestand lt. Inventar	EUR	30.000,00
Zukäufe (Geschäftsfall 1)	EUR	50.000,00
	EUR	80.000,00
− Endbestand lt. Inventur	EUR	20.000,00
Wareneinsatz	EUR	60.000,00

Da bereits die Zukäufe in Höhe von EUR 50.000,00 als Aufwand verbucht wurden, der tatsächliche Verbrauch jedoch höher ist, sind noch EUR 10.000,00 als zusätzlicher Verbrauch auszuweisen. Nach dieser Buchung wird am Warenbestandskonto der Endbestand ausgewiesen.
Daher:
Wareneinsatz Soll EUR 10.000,00 – Mehrverbrauch (Verwendung)
Warenbestand Haben EUR 10.000,00 – Lagerabbau (Herkunft).

ad d) Abschreibungen drücken die Wertminderung des Anlagevermögens durch den Gebrauch während des Jahres aus.
Laut Angabe sind die Maschinen EUR 5.000,00, der Fuhrpark um EUR 10.000,00 weniger Wert geworden.
planmäßige Abschreibungen Soll EUR 15.000,00 (Verwendung)
Maschinen Haben EUR 5.000,00 (Herkunft)
Fuhrpark Haben EUR 10.000,00 (Herkunft).
Vgl. Kapitel 2.3.3.

ad e) Die Salden der Aufwandkonten (Löhne, Reparaturen, Zinsaufwand, Wareneinsatz, Abschreibung) und der Saldo des Erlöskontos werden auf das G+V-Konto übertragen.
Durch die Gegenüberstellung der Salden der Aufwand- und Ertragskonten ergibt sich auf dem G+V-Konto der Erfolg der Periode. In unserem Fall ist es ein Gewinn.

Dieser Gewinn erhöht den Eigenkapitalbestand.

Die Salden der Bestandskonten, d.s. die Konten Maschinen, Fuhrpark, Bank, Kassa, Forderungen, Warenbestand, Lieferverbindlichkeiten und Darlehen werden auf das Schlussbilanzkonto übertragen.

Ebenso wird das neue Eigenkapital (Endeigenkapital) in die Schlussbilanz übertragen.

Wenn Sie nun die Soll- und Habenseite der Schlussbilanz addieren, müssen beide Seiten gleich groß sein.

Sollte dies nicht der Fall sein, überprüfen Sie bitte, ob Sie nicht eine Gegenbuchung ausgelassen oder eine falsche Zahl gebucht haben. Gehen Sie die einzelnen Aufgaben sorgfältig nochmals durch

Praxishinweis:
Sie wissen es bereits: In der Praxis werden die einzelnen Aufwands- Ertrags- und Bestandskonten nicht abgeschlossen, sondern per EDV in eine Saldenliste übertragen aus der die G+V und die Bilanz automatisch erstellt werden.

Nach Lösungsvergleich

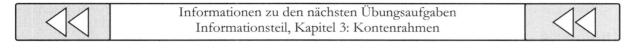
Informationen zu den nächsten Übungsaufgaben
Informationsteil, Kapitel 3: Kontenrahmen

Übungen zu 3 – Kontenrahmen – Kontenplan

Übung 13

Geben Sie im nachstehenden Raster an, in welcher Kontenklasse die folgenden Konten zu finden sind. Kreuzen Sie ferner an, ob es sich um aktive oder passive Bestandskonten oder um Aufwand- und Ertragskonten handelt. Beim Konto Eigenkapital geben Sie nur die Kontenklasse an.

	Konten-klasse	aktives Bestands-konto	passives Bestands-konto	Aufwands-konto	Ertrags-konto
Mietaufwand					
Planmäßige Abschreibung					
Zinserträge aus Bankguthaben					
Umsatzerlöse					
Rohstoffverbrauch					
Kassa					
Darlehen					
Mieterträge					
Zinsaufwand für Darlehen					
Eigenkapital					
Handelswarenvorrat					
Maschinen					
Forderungen aus L+L					
Löhne					
Instandhaltung durch Dritte					

Nach Lösungsvergleich

Informationen zu den nächsten Übungsaufgaben
Informationsteil, Kapitel 4 – Umsatzsteuer

Übungen zu 4 – Umsatzsteuer

Übung 14 – Gesetzliche Grundlagen der USt

Bearbeiten Sie bitte die einzelnen Aufgaben. Anstelle eines Kommentars finden Sie nach der letzten Aufgabe die Verweise auf die entsprechenden Kapitel im Informationsteil. Die Lösungen der Aufgaben finden Sie wie immer im Informationsteil.

Klausur

(1) Entscheiden Sie bitte, ob bei folgenden Beispielen steuerpflichtige Umsätze vorliegen oder nicht.

	ust-pflichtig JA	NEIN
a) Ein Transportunternehmer verkauft einen alten Firmenlastwagen. *PKW → nein*		
b) Eine österreichische Textilfirma verkauft Trachtenstoffe in die USA.		
c) Ein Spengler verkauft Blechabfälle. *Reverse-Charge* *		
d) Ein Bankangestellter verkauft seinen antiken Kasten um EUR 10.000,00.		
e) Ein Stahlwerk verkauft an die Belegschaft Kohlen zu einem niedrigeren Preis als die Kohlen eingekauft wurden.		
f) Ein Unternehmer verteilt nur zu Weihnachten Werbegeschenke an seine Geschäftsfreunde. Wert pro Geschenk EUR 28,00.		

Bauleistungen ausl. DL, Schrott, Mobilfunkger.

Eigenverbrauch wäre steuerpflichtig   * *Steuerschuld auf Empfänger*

(2) Kreuzen Sie bitte an, ob eine umsatzsteuerpflichtige Einfuhr vorliegt oder nicht.

	ust-pflichtig JA	NEIN
a) Ein österreichischer Handelsbetrieb kauft in Norwegen Handelswaren im Wert von NOK 25.000,00. Die Waren werden vom norwegischen Lieferanten nach Österreich versandt.		
b) Ein Österreicher kauft auf der Frankfurter Messe für seinen Tiroler Betrieb eine Drehbank. Das Geschäft wird in Frankfurt abgeschlossen und in Euro bezahlt. Die Drehbank wird vom Tiroler selbst importiert.		
c) Die Kölner Filiale eines Wiener Unternehmens kauft in München einen LKW für die Transporte zwischen Wien und Köln. Der LKW ist in Köln zugelassen.		

(3) Eine alte Espressomaschine hat einen Buchwert von EUR 300,00. Der Kaffeehausbesitzer kauft ein Neugerät um ein Nettoentgelt von EUR 4.000,00 und gibt die alte Maschine mit EUR 500,00 (netto) in Zahlung.

a) Von welchem Betrag berechnet der Verkäufer der Espressomaschine die Umsatzsteuer?   EUR _____

b) Muss der Kaffeehausbesitzer USt aus diesem Geschäft zahlen? Wenn ja, von welchem Betrag?   EUR _____

weil er weiterverkauft
Leistung – Gegenleistung

(4) Im Monat August stehen Ihnen folgende Unterlagen für die Berechnung der Zahllast nach vereinbarten Engelten zur Verfügung:

    a) Eingangsrechnungen:
       – Waren, Nettoentgelt   EUR 20.000,00   darauf USt EUR 4.000,00
         (von den Waren ist ein Viertel durch unsere Schuld verdorben)
       – 8 Schreibtische für das Büro EUR 4.000,00 darauf USt EUR 800,00
       – Reparaturen   EUR 1.000,00 darauf USt EUR 200,00

    b) Ausgangsrechnungen:
       – Waren, Nettoentgelt   EUR 30.000,00 darauf USt EUR 6.000,00
       – Verkauf von Abfällen   EUR 2.000,00 darauf USt EUR 400,00

Die Zahllast beträgt EUR _____

(5) Sie verkaufen als Unternehmer Waren ab Werk, Zahlungsziel 1 Monat
    Warenpreis netto   EUR 8.000,00
    Zustellung   EUR 500,00

Ermitteln Sie bitte die Bemessungsgrundlage.

Bemessungsgrundlage EUR _____

Da der Kunde nach Ablauf der Zahlungsfrist um eine Verlängerung des Zahlungsziels um drei Monate ansucht, verrechnen Sie Zinsen für 3 Monate in Höhe von EUR 150,00. Ist von diesem Betrag ebenfalls USt zu berechnen und abzuführen? Begründen Sie bitte Ihre Entscheidung!

(6) Geben Sie bitte an, wann die Steuerschuld bei **SOLLbesteuerung** in den folgenden Fällen entsteht: *erbrachte Leistung & Rechnung*

    a) Lieferung 15. April
       Rechnung 5. Mai
       Bezahlung 10. Juli   Steuerschuld entsteht Ende_____

    b) Bestellung 10. März
       Lieferung 8. April
       Rechnung 20. April
       Bezahlung 10. Mai   Steuerschuld entsteht Ende_____

    c) Lieferung 20. Okt.
       Rechnung 5. Dez.
       Bezahlung 7. Jän.   Steuerschuld entsteht Ende_____

(7) Bis zu welchem Tag ist die Umsatzsteuer im folgenden Fall spätestens abzuführen?
    Bestellung 20. Mai
    Lieferung 25. Juni
    Rechnung 10. Juli
    Bezahlung 10. September

    a) bei SOLLbesteuerung   abzuführen bis _____
    b) bei ISTbesteuerung *Zahlung*   abzuführen bis _____

(8) Ein Rechtsanwalt erzielt einen jährlichen Umsatz von EUR 90.000,00. Was ist richtig? Bitte kreuzen Sie die richtige Aussage an:

    a) Er muss nach vereinnahmten Entgelten versteuern.
    b) Er kann über Antrag nach vereinbarten Entgelten versteuern.
    c) Er muss nach vereinbarten Entgelten versteuern.

(9) Ermitteln Sie in übersichtlicher Form die Zahllast für November auf Grund folgender Tatbestände
   a) bei Versteuerung nach vereinbarten Entgelten (SOLL)
   b) bei Versteuerung nach vereinnahmten Entgelten (IST)

- ER, in Summe EUR 34.800,00 (inkl. 20% USt), davon wurden EUR 12.000,00 sofort in diesem Monat überwiesen,
- AR, in Summe EUR 21.600,00 (inkl. 20% USt), alle auf Ziel,
- Erhaltene Anzahlungen (aufgrund entsprechender Rechnungen), in Summe EUR 2.400,00 (inkl. 20% USt).
- Geleistete Anzahlungen (aufgrund erhaltener Rechnungen), in Summe EUR 5.400,00 (inkl. 20% USt),
- Kassaausgänge für diverse Reparaturen, Kleinmaterial, EUR 1.200,00 inkl. 20% USt
- Kassaeingänge für Warenverkäufe, in Summe EUR 10.800,00 inkl. 20% USt
- Kauf eines Computers (Anlagevermögen) um EUR 2.000,00 zuzügl. 20% USt mit 30 Tagen Ziel (die Rechung wird im November nicht mehr beglichen)
- Privatentnahme von Waren. Nettoeinstandspreis EUR 120,00, 20% USt

Kommentar zu Ü 14

Ein erläuternder Kommentar erübrigt sich zu diesen Aufgaben, da Sie die Informationen zur Lösung dieser Aufgaben im Informationsteil finden. Wir wollen daher hier nur das Kapitel anführen, das Ihnen für die jeweilige Aufgabe Hilfe bringen kann.

ad (1)	Kapitel 4.2.1	Steuerbare Umsätze
ad (2)	Kapitel 4.2.1	Steuerbare Umsätze
ad (3)	Kapitel 4.2.4 (1)	Bemessungsgrundlage
ad (4)	Kapitel 4.1.2	Berechnung der Zahllast in der Praxis
ad (5)	Kapitel 4.2.4 (1)	Bemessungsgrundlage
ad (6)	Kapitel 4.2.5	Entstehung der Steuerschuld
ad (7)	Kapitel 4.2.6	Voranmeldung und Vorauszahlung
ad (8)	Kapitel 4.2.5	Entstehung der Steuerschuld
ad (9)	Kapitel 4.2.5	Entstehung der Steuerschuld

Nach Lösungsvergleich

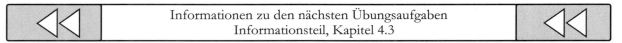

Informationen zu den nächsten Übungsaufgaben
Informationsteil, Kapitel 4.3

Übung 15 – Verbuchung der Umsatzsteuer

Diese Übungsaufgabe besteht aus vier voneinander unabhängigen Teilaufgaben. Diese kontrollieren Ihr Verständnis für die Verbuchung der USt nach der Brutto- bzw. nach der Nettomethode.

(1) Ein Elektrohändler kauft 10 Kühlschränke der Marke „Frost" auf Ziel.

Die Faktura lautet auf	EUR	2.200,00
+ 20 % USt	EUR	440,00
	EUR	2.640,00

Welche der folgenden Kontendarstellung ist beim Käufer richtig, wenn die Faktura nach der **Netto-Methode** verbucht wird? Bitte kreuzen Sie an.

a)

5010 Handelswarenverbrauch

Dat.	Text	Soll	Haben
	3300	2.200,00	

3300 Lieferverbindlichkeiten

Dat.	Text	Soll	Haben
	5010, 2500		2.640,00

2500 Vorsteuer

Dat.	Text	Soll	Haben
	3300	440,00	

Dat.	Text	Soll	Haben

b)

5010 Handelswarenverbrauch

Dat.	Text	Soll	Haben
	3300, 3500	2.640,00	

3300 Lieferverbindlichkeiten

Dat.	Text	Soll	Haben
	5010		2.200,00

Dat.	Text	Soll	Haben

3500 Umsatzsteuer

Dat.	Text	Soll	Haben
	5010		440,00

c)

2000 Lieferforderungen

Dat.	Text	Soll	Haben
	4000	2.200,00	

4000 Umsatzerlöse

Dat.	Text	Soll	Haben
	5010, 2500		2.640,00

2500 Vorsteuer

Dat.	Text	Soll	Haben
	4000	440,00	

Dat.	Text	Soll	Haben

(2) Ein Möbelhändler verkauft eine Sitzgarnitur um

	EUR	1.600,00
+ 20 % USt	EUR	320,00
	EUR	1.920,00

Die Faktura lautet auf 30 Tage Ziel. Die Faktura enthält Belegsymbol und Belegnummer AR 314 und soll am 12. August nach der **Bruttomethode** verbucht werden.

Führen Sie bitte die Buchung durch. In der Textspalte geben Sie bitte Belegsymbol, Belegnummer und Kontonummer des Gegenkontos an.

Dat.	Text	Soll	Haben

Dat.	Text	Soll	Haben

Dat.	Text	Soll	Haben

Dat.	Text	Soll	Haben

(3) Welche Buchung ergibt sich aus diesem Geschäftsfall Ende August? Bitte führen Sie diese Buchung in obigen Konten durch. Entwerfen Sie einen Beleg für diesen Tatbestand.

(4)

MALEREI-ANSTRICH-TAPETEN-BODENBELÄGE-SPRITZLACKIERUNG

GRANER Ges.m.b.H.

2493 Lichtenwörth, Grießgasse 23
Tel. 02622/75327   Fax Kl. 15
UID ATU 1245679

Hans Berger & Co
Handelsagentur
Grazerstraße 15
2700 Wr. Neustadt

Lichtenwörth, 16.3.20..

RECHNUNG Nr. 76 / 20..

für Leistung vom 10.3.20..

Ausbesserung der schadhaften Tapete   EUR 126,00
inkl. 20% USt

Zahlbar netto Kassa innerhalb von 30 Tagen

(a) Bitte verbuchen Sie die obige Faktura in der Buchhaltung der Firma Graner nach der **Nettomethode**. Die Rechnung wird nicht sofort bezahlt (AR 76)

Dat.	Text	Soll	Haben

Dat.	Text	Soll	Haben

Dat.	Text	Soll	Haben

Dat.	Text	Soll	Haben

(b) Wie verbucht die Firma Hans Berger & Co obige Faktura? Stellen Sie in den Konten diese Verbuchung nach der Nettomethode dar. Die Rechnung wird zunächst nicht bezahlt. Für Berger ist dies die ER 82. Berger verbucht die Rechnung am 18.3.

Dat.	Text	Soll	Haben

Dat.	Text	Soll	Haben

Dat.	Text	Soll	Haben

Dat.	Text	Soll	Haben

Kommentar zu Ü 15

Grundsätzlich ist bei diesen Aufgaben zu beachten:
— Nettomethode: Nettobetrag und Steuerbetrag werden sofort getrennt verbucht.
— Bruttomethode: Zunächst wird der Gesamtbetrag verbucht. Am Monatsende wird die USt aus den Bruttobeträgen herausgerechnet und auf das entsprechende Steuerkonto umgebucht.
— Umsatzsteuer in Eingangsrechnungen ist für den Unternehmer Vorsteuer, d.h. eine Forderung an das Finanzamt.
— Umsatzsteuer in Ausgangsrechnungen ist für den Unternehmer eine Verbindlichkeit gegenüber dem Finanzamt.

Nach Lösungsvergleich ⟶ weiter mit Übung 16

Übung 16 – Einfache Geschäftsfälle unter Berücksichtigung der USt

Bei der Verbuchung der folgenden Geschäftsfälle ist die USt nach der Nettomethode zu verbuchen. Die Buchungen sind auf paginierten Konten durchzuführen.
Bei jedem Geschäftsfall ist auf den entsprechenden Konten
— das Datum und
— in der Textspalte die Nummer(n) des (der) Gegenkonto(en) anzuführen.

Benennen und nummerieren Sie die Konten entsprechend unserem Kontenplan.

Auf einzelnen Konten wurde bereits ein Anfangsbestand verbucht.

2.10.	Warenverkauf	EUR	15.000,00
	+ 20 % USt	EUR	3.000,00
		EUR	18.000,00

EUR 1.800,00 zahlt der Kunde bei Warenübernahme bar, der Rest wird gestundet.

7.10. Kauf von Reinigungsmaterial gegen Barzahlung. Die Rechnung lautet auf EUR 96,00 inkl. 20% USt.

15.10. Die Zahllast für August ist an das Finanzamt abzuführen. Wir überweisen vom Bankkonto EUR 2.894,00.

18.10.	Kauf von Handelswaren auf Ziel	EUR	24.000,00
	+ 20 % USt	EUR	4.800,00
		EUR	28.800,00

20.10. Im Forderungsbestand ist eine Forderung in Höhe von EUR 2.400,00 enthalten. Kunde Maier hat diesen Betrag auf unser Bankkonto überwiesen.

23.10. Barverkauf EUR 72,00 inkl. 20 % USt.

27.10.	Kauf von zwei Laptops für die Außendienstmitarbeiter		
	auf Ziel um	EUR	1.780,00
	+ 20 % USt	EUR	356,00
		EUR	2.136,00

31.10. Buchen Sie den Saldo des Vorsteuer- und des Umsatzsteuerkontos auf das Konto Zahllast um.

2700 Kassa

Dat.	Text	Soll	Haben
	AB	1.250,00	
2.10	4000/3500	1.800	
7.10.	5450/3500		96,-
23.10.	4000/3500	72,-	

3520 Zahllast

Dat.	Text	Soll	Haben
	AB		3.760,00
15.10	2800	2894,-	
31.10	3500		3012
31.10	2500	5172	

2000 Lieferforderungen

Dat.	Text	Soll	Haben
	AB	12.000,00	
2.10	3500/4000	16.200,-	
20.10.	2800		2.400,-

2800 Bank

Dat.	Text	Soll	Haben
	AB	7.600,00	
15.10	3520		2894,-
20.10.		2.400,-	

4000 Umsatzerlöse

Dat.	Text	Soll	Haben
2.10.	2700/2000		15.000,-
23.10	2700		60,-

3500 USt

Dat.	Text	Soll	Haben
2.10.	2700/2000		3.000,-
23.10	2700		12,-
	Saldo	3012	3012

2500 VSt

Dat.	Text	Soll	Haben
7.10.	2700	16,-	
27.10	3300	356,-	
18.10	3300	4.800,-	
	Saldo	5.172	5.172

(7) Reinigung

Dat.	Text	Soll	Haben
7.10	2700	80,-	

3300 LV

Dat.	Text	Soll	Haben
18.10	5010/3500		28.800,-
27.10	0620/2500		2.136,-

5010 HW-Verbrauch

Dat.	Text	Soll	Haben
18.10	3300	24.000,-	

0620 Büromaschinen

Dat.	Text	Soll	Haben
27.10.	3300	1.780,-	

Dat.	Text	Soll	Haben

Beantworten Sie bitte folgende Frage:

Aufgrund der Oktoberumsätze ergibt sich
– (✓) eine Forderung an das Finanzamt
– eine Verbindlichkeit an das Finanzamt

Kommentar zu Ü 16

o Die beim Kauf von Handelswaren (18.10.), Reinigungsmaterial (7.10.) und der Laptops (27.10.) in Rechnung gestellte Umsatzsteuer ist auf dem Konto 2500 Vorsteuer zu verbuchen.

o Die beim Verkauf in Rechnung gestellte Umsatzsteuer (2.10., 23.10.) ist als Verbindlichkeit gegenüber dem Finanzamt auf dem Konto 3500 zu verbuchen.

o Bei der Zahlung der Forderung (ebenso einer Verbindlichkeit) fällt natürlich keine Buchung auf einem Umsatzsteuerkonto an – Verbuchung nach vereinbarten Entgelten.

Nach Lösungsvergleich

 Informationen zu den nächsten Übungsaufgaben
Informationsteil, Kapitel 5

Übungen zu 5 – Bildung von Buchungssätzen

Übung 17

Anmerkung:
Diese Buchungssätze dienen gleichzeitig als Wiederholung der wichtigsten Buchungen der vorangegangenen Kapitel.
Sie können bei diesen Buchungssätzen entweder die Darstellungsform entsprechend
- Band I (mit Kontonummer und Kontobezeichnung) oder
- AMC I (nur mit Kontenklassen, dafür mit Angabe der Auswirkung auf den Gewinn) wählen.

Wenn Sie die Variante nach AMC I wählen, geben Sie in der letzten Spalte die Auswirkung auf den Gewinn an, d.h. mit + gewinnerhöhend, mit – gewinnmindernd und mit 0 keine Auswirkung auf den Gewinn.
Generell sind alle Geschäftsfälle nach der **Nettomethode** zu verbuchen.

(1) Einkauf von Handelswaren auf Ziel EUR 14.500,00 + 20 % USt.

Kontonummer, Kontobezeichnung	Soll	Haben

Soll-Konto	Haben-Konto	Betrag	Auswirkung Gewinn

(2) Rücksendung eines Teiles dieser Waren an den Lieferanten um EUR 2.800,00 + 20 % USt. Die Gutschrift verringert die Lieferverbindlichkeit.

Kontonummer, Kontobezeichnung	Soll	Haben

Soll-Konto	Haben-Konto	Betrag	Auswirkung Gewinn

(3) Zahlung der Geschäftsmiete bar EUR 480,00 inkl. 20 % USt.

Kontonummer, Kontobezeichnung	Soll	Haben

Einführung in die Buchhaltung im Selbststudium: Übungsteil — Ü 17

Soll-Konto	Haben-Konto	Betrag	Auswirkung Gewinn

(4) Eröffnung eines Bankkontos, Bareinlage aus der Geschäftskassa EUR 2.000,00.

Kontonummer, Kontobezeichnung	Soll	Haben

Soll-Konto	Haben-Konto	Betrag	Auswirkung Gewinn

(5) Wir erhalten die Zinserträge für das Bankguthaben auf dem Bankkonto gutgeschrieben: EUR 24,60.

Kontonummer, Kontobezeichnung	Soll	Haben

Soll-Konto	Haben-Konto	Betrag	Auswirkung Gewinn

(6) Zahlung der Privatversicherung des Unternehmers durch Überweisung vom Geschäftsbankkonto EUR 1.500,00.

Kontonummer, Kontobezeichnung	Soll	Haben

Soll-Konto	Haben-Konto	Betrag	Auswirkung Gewinn

(7) Ein Kunde zahlt eine offene Forderung in Höhe von EUR 4.800,00 inkl. 20 % USt durch Banküberweisung.

Kontonummer, Kontobezeichnung	Soll	Haben

Soll-Konto	Haben-Konto	Betrag	Auswirkung Gewinn

(8) Für die Reparatur einer Produktionsmaschine verrechnen wir dem Kunden € 47.000,00 + 20% USt und gewähren 30 Tage Ziel.

Kontonummer, Kontobezeichnung	Soll	Haben

Soll-Konto	Haben-Konto	Betrag	Auswirkung Gewinn

(9) Aufnahme eines Darlehens in Höhe von EUR 80.000,00. Dieser Betrag wird unserem Bankkonto gutgeschrieben.

Kontonummer, Kontobezeichnung	Soll	Haben

Soll-Konto	Haben-Konto	Betrag	Auswirkung Gewinn

(10) Der Endbestand an Handelswaren ist um EUR 8.400,00 höher als der Anfangsbestand. Die entsprechende Korrekturbuchung ist darzustellen.

Kontonummer, Kontobezeichnung	Soll	Haben

Einführung in die Buchhaltung im Selbststudium: Übungsteil Ü 17

Soll-Konto	Haben-Konto	Betrag	Auswirkung Gewinn

(11) Abschreibung des Gebäudes EUR 14.000,00

Kontonummer, Kontobezeichnung	Soll	Haben

Soll-Konto	Haben-Konto	Betrag	Auswirkung Gewinn

(12) Geben Sie den Buchungssatz für die Verbuchung des Gewinnes in Höhe von EUR 17.000,00 auf dem G+V-Konto und auf dem Eigenkapitalkonto an.

Kontonummer, Kontobezeichnung	Soll	Haben

Soll-Konto	Haben-Konto	Betrag	Auswirkung Gewinn

Kommentar zu Ü 17

Wie angemerkt, müsste Ihnen die Verbuchung dieser Geschäftsfälle schon bekannt sein. Ein Geschäftsfall war jedoch darunter, den wir vorher noch nie hatten, nämlich der 2. Diesen wollen wir hier kommentieren.

ad (2) Sie hatten im Geschäftsfall (1) Handelswaren auf Ziel gekauft. Dieser Wareneinkauf wurde durch die Buchung

    5010 Handelswarenverbrauch /
    2500 Vorsteuer   / 3300 Lieferverbindlichkeiten

dargestellt.

Ein Teil dieser Ware entspricht nicht der vereinbarten Qualität. Nach Rücksprache mit dem Lieferanten senden Sie diesen Teil der Ware zurück und erhalten dafür eine Gutschrift.

Das bedeutet
   weniger Verbrauch – Handelswarenverbrauch Haben EUR 2.800,00 (Herkunft)
   weniger Vorsteuerforderungen – VSt-Konto Haben EUR 560,00 (Herkunft)
   weniger Verbindlichkeiten beim Lieferanten – Lieferantenkonto Soll EUR 3.360,00
   (Verwendung)

Als Buchungssatz lässt sich dieser Geschäftsfall daher wie folgt darstellen:

Kontonummer, Kontobezeichnung	Soll	Haben
3300 Lieferverbindlichkeiten	3.360,00	
5010 HW-Verbrauch		2.800,00
2500 Vorsteuer		560,00

Soll-Konto	Haben-Konto	Betrag	Auswirkung Gewinn
(3) Lieferverbindlichkeiten	(5) HW-Verbrauch	2.800,00	+ 2.800,00
(3) Lieferverbindlichkeiten	(2) Vorsteuer	560,00	keine

Nach Lösungsvergleich

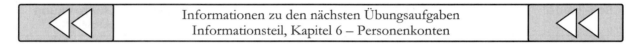

Informationen zu den nächsten Übungsaufgaben
Informationsteil, Kapitel 6 – Personenkonten

Übungen zu 6 – Die Verbuchung auf Personenkonten

Übung 18

Aufgabe 1:

Verbuchen Sie die nachstehenden Geschäftsfälle im Monat Dezember.

(1) Wir verkaufen Oberleitner & Co, 20001, Waren auf Ziel um EUR 10.000,00 zuzüglich EUR 2.000,00 USt (AR 94).

(2) Unser Lieferant Hofer & Maier, 33001, liefert Waren um EUR 20.000,00 zuzüglich EUR 4.000,00 USt (ER 32).

(3) Unser Kunde WARTES-AG, 20002, zahlt die bereits verbuchte Ausgangsrechnung (AR 47) über insgesamt EUR 64.000,00 durch Banküberweisung (B 9).

(4) Wir zahlen die bereits unter Teilaufgabe (2) verbuchte Eingangsrechnung (ER 32) von Hofer & Maier über EUR 24.000,00 durch Banküberweisung (B 10).

(5) Wir kaufen von der Handels-AG, 33003, Waren um EUR 35.000,00 + 20 % USt (ER 33) auf Ziel.

Aufgabe 2:

Übertragen Sie Ende Dezember die Umsätze aller Personenkonten auf die entsprechenden Hauptbuchkonten und schließen Sie die Hauptbuchsammelkonten 2000 und 3300 ab. Vergleichen Sie die Salden der Personenkonten mit den Salden der Hauptbuchsammelkonten.

Personenkonten:

KUNDENKARTEI:

20001 – Oberleitner & Co

Bel.	Text	Soll	Haben
	Div.	15.000,00	

20002 – WARTES – AG

Bel.	Text	Soll	Haben
	Div.	64.000,00	

LIEFERANTENKARTEI:

33001 – Hofer & Maier

Bel.	Text	Soll	Haben
	Div.		30.000,00

33002 – Riebesmann & Co

Bel.	Text	Soll	Haben
	Div.		24.000,00

33003 – Handels AG

Bel	Text	Soll	Haben

Hauptbuchkonten:

2000 Lieferforderungen

Bel.	Text	Soll	Haben
	Übertrag	79.000,00	

2500 Vorsteuer

Bel.	Text	Soll	Haben

2800 Bank

Bel.	Text	Soll	Haben

3300 Lieferverbindlichkeiten

Bel.	Text	Soll	Haben
	Übertrag		54.000,00

3500 Umsatzsteuer

Bel.	Text	Soll	Haben

4000 Umsatzerlöse

Bel.	Text	Soll	Haben

5010 HW-Verbrauch

Bel.	Text	Soll	Haben

Kommentar zu Ü 18:

Die Buchungen dürften Ihnen kaum Probleme bereiten.

Beachten Sie: Konto 2000 und 3300 sind Sammelkonten; während einer Periode werden alle diese Konten betreffenden Buchungen über die entsprechenden Personenkonten geführt.

Am Ende der Periode müssen Sammelkonten und Personenkonten abgestimmt werden.
- Die Summe der Kontostände („Salden") aller Kundenkonten muss gleich sein dem Saldo des Sammelkontos 2000.
- Die Summe der Kontenstände („Salden") aller Lieferantenkonten muss gleich dem Saldo des Sammelkontos 3300 sein.

Salden Kundenkonten:
Oberleitner:	EUR	27.000,00
Wartes-AG	EUR	0,00
	EUR	27.000,00

Saldo des Lieferforderungskontos:
Sollsumme:	EUR	91.000,00
Habensumme:	EUR	64.000,00
	EUR	27.000,00

Salden der Lieferantenkonten:
Hofer & Maier:	EUR	30.000,00
Riebesmann:	EUR	24.000,00
Handels-AG:	EUR	42.000,00
	EUR	96.000,00

Saldo des Lieferverblk.kontos:
Sollsumme:	EUR	24.000,00
Habensumme:	EUR	120.000,00
	EUR	96.000,00

Nach Lösungsvergleich ⟶ weiter mit Übung 19

Übung 19 – Kreislaufbeispiel inkl. USt, Verbuchung diverser Aufwendungen, Zusammenhang Personenkonten – Hauptbuch

Beachten Sie bitte:
- Die Summen auf den Konten ergeben sich aus den Buchungen der Monate Jänner – November. Die Sollsummen sind gleich hoch den Habensummen.
- Die Summen der Personenkonten wurden monatlich auf die Hauptbuchsammelkonten übertragen, der Saldo des VSt- bzw. des USt-Kontos wurde monatlich auf das Zahllastkonto umgebucht.

Aufgaben:

(1) Verbuchen Sie die untenstehenden Geschäftsfälle für Dezember auf den Hauptbuch- bzw. auf den Personenkonten. Beachten Sie, die Zukäufe werden sofort als Verbrauch verbucht.

(2) Übertragen Sie die Summen der Personenkonten für Dezember auf die Hauptbuchsammelkonten.

(3) Machen Sie die erforderlichen Umbuchungen.

(4) Schließen Sie alle Konten gegen SBK bzw. G+V ab und ermitteln Sie in zweifacher Weise das Jahresergebnis.

(5) Beantworten Sie abschließend die im Anschluss an die Konten gestellten Zusatzfragen.

ad (1) Laufende Geschäftsfälle für Dezember

2.12.: Überweisung der Geschäftsmiete: EUR 150,00 + 20 % USt

4.12.: Vom Raiffeisenlagerhaus erhalten wir eine Lieferung Heizöl für die Geschäftsräumlichkeiten: EUR 4.300,00 + 20 % USt; wir zahlen sofort durch Banküberweisung.

5.12.: Warenverkauf an Gärtner: EUR 2.400,00 + 20 % USt auf Ziel.

7.12.: Kauf diverser Büromaterialien gegen bar. Die Rechnung lautet auf EUR 84,00 inkl. 20 % USt.

12.12.: Einkauf von Handelswaren um EUR 4.760,00 + 20 % USt von Lieferant Berger, 30 Tage Ziel.

14.12.: Unserem Bankauszug entnehmen wir die Überweisung von unserem Kunden Müller: EUR 1.200,00 (inkl. 20 % USt)

15.12.: Überweisung der Zahllast: EUR 1.743,00

17.12.: Wir haben die Büroräume frisch tapezieren lassen. Die Rechnung des Tapezierers lautet auf EUR 1.890,00 + 20 % USt. Wir überweisen sofort.

18.12.: Privatabhebung vom Bankkonto EUR 500,00.

22.12.: Warenverkauf bar um EUR 792,00 (inkl. 20 % USt)
Warenverkauf auf Ziel an Steiner: EUR 4.000,00 + 20 % Ust

27.12.: Warenverkauf auf Ziel an Gärtner & Co.: EUR 6.000,00 + 20 % Ust

ad (3) Angaben für den Jahresabschluss

o Die Geschäftsausstattung ist jährlich mit EUR 5.000,00 abzuschreiben.
o Endbestand an Handelswaren lt. Inventur: EUR 9.876,00
o Endbestand an Heizöl im Wert von EUR 3.870,00

Beachten Sie:
Zu den Umbuchungen zählen auch

– Der Übertrag der Personenkonten auf die Hauptbuchsammelkonten
– der Abschluss des Privatkontos gegen das Eigenkapitalkonto
– die Übertragung der Salden des VSt- und des USt-Kontos auf das Zahllastkonto

KUNDENKONTEN:

20001 Gärtner & Co

Dat.	Text	Soll	Haben
	Div.	8.400,00	6.000,00

20002 K. Müller

Dat.	Text	Soll	Haben
	Div.	1.200,00	

LIEFERANTENKONTEN:

33001 Berger OHG

Dat.	Text	Soll	Haben
	Div.	8.400,00	23.600,00

33002 Großhandels – AG

Dat.	Text	Soll	Haben
	Div.	12.000,00	12.000,00

20003 B. Steiner

Dat.	Text	Soll	Haben

HAUPTBUCHKONTEN:

2000 Lieferforderungen

Dat.	Text	Soll	Haben
	9800	2.400,00	
	Ü 1 – 11	7.200,00	6.000,00

3300 Lieferverbindlichkeiten

Dat.	Text	Soll	Haben
	9800		3.500,00
	Ü 1 – 11	20.400,00	32.100,00

0660 Geschäftsausstattung

Dat.	Text	Soll	Haben
1.1.	9800	20.000,00	

2500 Vorsteuer

Dat.	Text	Soll	Haben

1600 Handelswarenvorrat

Dat.	Text	Soll	Haben
	Div.	15.000,00	

3500 Umsatzsteuer

Dat.	Text	Soll	Haben

2700 Kassa

Dat.	Text	Soll	Haben
	Div.	3.840,00	1.716,00

3520 Zahllast

Dat.	Text	Soll	Haben
	Div.	7.210,00	10.276,00

2800 Bank

Dat.	Text	Soll	Haben
	Div.	23.390,00	9.646,00

4000 Umsatzerlöse

Dat.	Text	Soll	Haben
	Div.		42.800,00

5010 HW-Verbrauch

Dat.	Text	Soll	Haben
	Div.	19.876,00	

9000 Eigenkapital

Dat.	Text	Soll	Haben
1.1.	9800		22.486,00

5600 Energieverbrauch

Dat.	Text	Soll	Haben
	Div.	1.826,00	

9600 Privat

Dat.	Text	Soll	Haben
	Div.	4.720,00	

7200 Instandhaltung durch Dritte

Dat.	Text	Soll	Haben
	Div.	796,00	

7600 Büromaterial

Dat.	Text	Soll	Haben
	Div.	216,00	

7400 Mietaufwand

Dat.	Text	Soll	Haben
	Div.	1.650,00	

Dat.	Text	Soll	Haben

Dat.	Text	Soll	Haben

ABSCHLUSSKONTEN

Dat.	Text	Soll	Haben

Dat.	Text	Soll	Haben

Zusatzfragen:

- Für welchen Monat haben wir am 15.12. die Zahllast überwiesen?
- Haben wir im Dezember eine USt-Forderung oder eine USt-Verbindlichkeit gegenüber dem Finanzamt?
- Ist das Jahresergebnis ein Gewinn oder ein Verlust?

Nach Lösungsvergleich

| | Informationen zu den nächsten Übungsaufgaben Informationsteil, Kapitel 7. | |

Übungen zu 7.1. – Buchungen im Beschaffungsbereich

Übung 20

Bilden Sie bitte für nachstehende Geschäftsfälle die Buchungssätze. Die Verbuchung ist immer nach der Nettomethode vorzunehmen. Die Zukäufe werden sofort in Klasse 5 verbucht.

Sie können die Darstellung der Buchungssätze nach der im Band I üblichen Form wählen oder in der für AMC I erforderlichen Form. Wir haben Ihnen für beide Varianten die Raster vorgegeben.
Wenn Sie die Variante nach AMC I wählen, geben Sie in der letzten Spalte die Auswirkung auf den Gewinn an, d.h. mit + gewinnerhöhend, mit – gewinnmindernd und mit 0 keine Auswirkung auf den Gewinn. In AMC I verzichten wir auf Personenkonten – Zielkäufe und -verkäufe werden weiter auf den Konten 2000 (Klasse 2) und 3300 (Klasse 3) verbucht.

(1) ER 4: Rechnung von Schober & Co (Personenkonto Nr. 33001) für Lieferung von Rohstoffen ab Werk

	EUR	10.000,00
+ 20 % USt	EUR	2.000,00
30 Tage Ziel	EUR	12.000,00

Kontonummer, Kontobezeichnung	Soll	Haben

Soll-Konto	Haben-Konto	Betrag	Auswirkung Gewinn

(2) ER 5: Speditionsnota für Zustellung der Waren der ER 4   EUR 750,00
                                                    + 20 % USt   EUR 150,00
                                                    Barzahlung   EUR 900,00

Kontonummer, Kontobezeichnung	Soll	Haben

Soll-Konto	Haben-Konto	Betrag	Auswirkung Gewinn

(3) G 10: Gutschrift der Firma Schober & Co für Warenrücksendung. Die Rechnung wurde von uns noch nicht bezahlt (ER 4). Gesamtbetrag der Gutschrift EUR 2.400,00 (inkl. 20 % USt).

Kontonummer, Kontobezeichnung	Soll	Haben

Soll-Konto	Haben-Konto	Betrag	Auswirkung Gewinn

(4) B 17: Überweisung der ER 4 an die Firma Schober. Achtung: Berücksichtigung der Gutschrift nicht vergessen!

Kontonummer, Kontobezeichnung	Soll	Haben

Soll-Konto	Haben-Konto	Betrag	Auswirkung Gewinn

Kommentar zu Ü 20:

Ad (1) Wir haben in Kapitel 6 darauf hingewiesen, dass wir Buchungen, die Kunden bzw. Lieferanten betreffen, zunächst auf das entsprechende Personenkonto buchen:
D.h. in unserem Beispiel:
- statt auf das Hauptbuch-Sammelkonto „3300 Lieferverbindlichkeiten"
- auf das Personenkonto „33001 Schober & Co". *)

*) Hinweis: In AMC I wird nur auf den Sammelkonten gebucht.

ad (2) Hier handelt es sich um eine Speditionsrechnung für Eingangsfrachten. Da die Lieferkondition der Firma Schober ab Werk lautete, müssen wir die Frachtkosten zahlen. Sie stellen für uns Bezugskosten dar und sind am Konto Rohstoffverbrauch zu verbuchen.

ad (3) Die nachträglich gewährte Gutschrift ist in Nettobetrag und Umsatzsteueranteil zu zerlegen. Gesamtbetrag der Gutschrift vermindert unsere Lieferverbindlichkeit. Der Nettobetrag der Gutschrift vermindert den Warenwert (daher am Verbrauchskonto im Haben). Der Umsatzsteueranteil vermindert die Vorsteuerforderung.

Einführung in die Buchhaltung im Selbststudium: Übungsteil   Ü 21

ad (4) Wir sind schuldig:

Gesamtbetrag der ER 4:	EUR	12.000,00
− Gesamtbetrag der G 10:	EUR	2.400,00
Überweisung	EUR	9.600,00 (Bankkonto Haben)

Nach Lösungsvergleich ⟶ weiter mit Übung 21

Übung 21

Verbuchen Sie bitte die folgenden Geschäftsfälle aus der Sicht der Baufirma Peter Max auf paginierten Hauptbuchkonten bzw. auf dem Personenkonto „Josef Hasslinger & Sohn", 33004 (Die Konten finden Sie im Anschluss an die Angaben und Belege).

Die Konten sind unserem Kontenplan entsprechend zu nummerieren und zu benennen. Im Text führen Sie bitte jeweils Beleg und Nummer des Gegenkontos (der Gegenkonten) an.
Die Baufirma benötigt diese Türen zum Einbau in ein von Ihr errichtetes Einfamilienhaus und bucht diese Lieferung daher als „bezogene Teile".

(1) Die Firma Josef Hasslinger & Sohn sendet an Peter Max am 1.4.20.. folgende Rechnung (Ausschnitt) für Türen, Lieferung **ab Werk**, 30 Tage Ziel

RECHNUNG 001078				
Pos.Nr	Stück	Ware	Preis	Betrag
	5	Lieferung am 28.3.20.. Eichentüren 80/200 Modell Salzburg	350,00	1.750,00
	3	Eichentüren 60/200 Modell Salzburg	320,00	960,00
		Warenwert		2.710,00
		+ 20% USt		542,00
		Gesamtbetrag		3.252,00

Verbuchen Sie die Rechnung am 3.4. (ER 71).

(2) Der Transport wird von der Spedition Gärtner ausgeführt, die am 5.4. folgende Speditionsnota übersendet:

Fracht	EUR	200,00	ER 74
+ 20 % USt	EUR	40,00	
	EUR	240,00	

Max zahlt die Frachtrechnung am 6.4. (Buchungsdatum) bar.

(3) Max sendet eine Eichentür 60/200 wegen Sprüngen zurück.

Auf Grund der Reklamation übersendet Hasslinger am 6.4. folgende Gutschrift (Ausschnitt):

Berichtigung der Rechnung Nr. 001078

Bitte entschuldigen Sie die fehlerhafte Lieferung.
Da sich die Lieferung einer neuen Tür
verzögert, schreiben wir Ihnen daher gut:

Retourware netto	EUR 320,00
+ 20% USt	EUR 64,00
	EUR 384,00

Die Gutschrift (G 10) wird am 8.4. verbucht.

2700 Kassa

Dat.	Text	Soll	Haben
	AB	470,00	

Dat.	Text	Soll	Haben

Dat.	Text	Soll	Haben

Dat.	Text	Soll	Haben

Kommentar zu Ü 21

Diese Geschäftsfälle waren im Prinzip gleich den Geschäftsfällen (1) bis (3) aus Ü 20. Haben Sie noch Probleme, so lesen Sie bitte nochmals die Kommentare zu Ü 20.

Nach Lösungsvergleich ⟶ weiter mit Übung 22

Übung 22

Beachten Sie bitte:

Das Unternehmen, für das Sie in diesem Beispiel die Buchhaltung führen, verbucht die
– Zugänge an Rohstoffen in Klasse 1,
– die Zugänge an Hilfs- und Betriebsstoffen in Klasse 5.
– anstelle von Personenkonten ist direkt auf den Hauptbuchsammelkonten zu buchen.

Geschäftsfälle:

- 7.4.: Kauf von Rohstoffen um EUR 20.000,00 + 20 % USt auf Ziel.
- 14.4.: Da ein Teil der Rohstoffe nicht der vereinbarten Qualität entsprochen hat, wurden Rohstoffe im Wert von netto € 2.000,00 an den Lieferanten retourniert. Heute ist die entsprechende Gutschrift eingetroffen.
- 25.5.: Kauf von Betriebsstoffen um EUR 2.000,00 + 20 % USt, sofortige Banküberweisung.
- 19.6.: Kauf von Rohstoffen um EUR 40.000,00 + 20 % USt auf Ziel.
- 23.6.: Wir senden Rohstoffe im Wert von EUR 3.600,00 (inkl. 20 % USt) aus der Lieferung vom 19.6. retour.
- 28.8.: Kauf von Hilfsstoffen um EUR 3.000,00 + 20 % USt, sofortige Banküberweisung.
- 17.10.: Kauf von Betriebsstoffen um EUR 5.000,00 + 20 % USt, sofortige Banküberweisung
- 31.12.: Endbestände lt. Inventur
  - an Rohstoffen   EUR   8.500,00
  - an Hilfsstoffen   EUR   1.000,00
  - an Betriebsstoffen   EUR   7.000,00

Aufgaben:

Stellen Sie alle Buchungen, die sich aus obigen Geschäftsfällen ergeben, auf den vorgegebenen Hauptbuchkonten dar. Alle Konten sind unserem Kontenplan entsprechend zu bezeichnen und zu nummerieren.
Ermitteln Sie den tatsächlichen Verbrauch an Roh-, Hilfs- und Betriebsstoffen und stellen Sie die entsprechenden Buchungen dar.
Schließen Sie alle verwendeten Konten mit Ausnahme des Vorsteuerkontos gegen SBK bzw. G+V ab. Die Abschlusskonten sind nicht darzustellen.

2500 Vorsteuer

Dat.	Text	Soll	Haben

1100 Rohstoffvorrat

Dat.	Text	Soll	Haben
1.1.	9800	14.000,00	

1300 Hilfsstoffvorrat

Dat.	Text	Soll	Haben
1.1.	9800	2.800,00	

1350 Vorrat Betriebsstoffe

Dat.	Text	Soll	Haben
1.1.	9800	1.200,00	

2800 Bank

Dat.	Text	Soll	Haben
	Div.	15.000,00	

Dat.	Text	Soll	Haben

Dat.	Text	Soll	Haben

Dat.	Text	Soll	Haben

Dat.	Text	Soll	Haben

Kommentar zu Ü 22:

Die laufenden Buchungen dürften Ihnen keine Schwierigkeiten machen. Sollten Sie hier noch Hilfe benötigen, arbeiten Sie bitte nochmals den entsprechenden Informationsteil durch.

ad Endbestand an Rohstoffen

Die indirekte Einsatzermittlung kennen Sie bereits von den Handelswaren. Sie dürfen jedoch nicht vergessen, die Korrekturbuchungen (Rabatt und Retourware) von den Zukäufen abzuziehen.

Anfangsbestand lt. Kto. 1100	EUR	14.000,00
+ Zukäufe korrigiert	EUR	55.000,00
	EUR	69.000,00
– Endbestand lt. Inventur	EUR	8.500,00
Verbrauch	EUR	60.500,00

ad Hilfsstoffe

Da die Zukäufe direkt am Verbrauchskonto verbucht wurden, ist am Jahresende der AB mit dem EB am Vorratskonto zu vergleichen.

Anfangsbestand lt. Kto. 1300	EUR	2.800,00
Endbestand lt. Inventur	EUR	1.000,00

D.h. es wurden vom AB noch zusätzlich EUR 1.800,00 verbraucht, der Zukauf an Hilfsstoffen im heurigen Jahr deckte nicht den gesamten Verbrauch.

ad Betriebsstoffe

Auch hier ist nur der AB mit dem EB zu vergleichen.

Anfangsbestand lt. Kto. 1350	EUR	1.200,00
Endbestand lt. Inventur	EUR	7.000,00

D.h. es wurde nicht so viel verbraucht, wie heuer zugekauft wurde. Der Verbrauch ist geringer.

Nach Lösungsvergleich

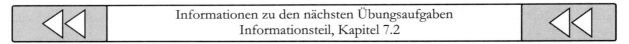

Informationen zu den nächsten Übungsaufgaben
Informationsteil, Kapitel 7.2

Übungen zu 7.2 – Buchungen im Absatzbereich

Übung 23

Wir verkaufen der Firma Teich, Kundenkonto 20004, eine von uns erzeugte Werkzeugmaschine um EUR 80.000,00 + 20 % USt mit 3 Monaten Ziel – AR 94 vom 10.7. frei Haus.

Für den Transport zahlen wir der Speditionsfirma „Intertrans" am 15.7. EUR 2.500,00 + 20 % USt sofort durch Banküberweisung (ER 107).

Aufgabe:

Verbuchen Sie bitte den Verkauf und die Transportkosten aus der Sicht des Verkäufers auf den vorgegebenen Konten. Benennen und nummerieren Sie die Konten lt. Kontenplan. Beachten Sie, für die Firma Teich ist ein Personenkonto zu führen. Geben Sie bei jeder Buchung Datum und in der Textspalte Beleg und Nummer des Gegenkontos an.

Dat.	Text	Soll	Haben

Dat.	Text	Soll	Haben

Dat.	Text	Soll	Haben

Dat.	Text	Soll	Haben

2800 Bank

Dat.	Text	Soll	Haben
	Div.	25.000,00	

Dat.	Text	Soll	Haben

Kommentar zu Ü 23

ad Verkauf: Die Buchung dürfte Ihnen keine Schwierigkeiten bereiten.

ad Transport: Für den Verkäufer handelt es sich um eine Ausgangsfracht („Transporte durch Dritte"). Als Beleg dient die Rechnung des Spediteurs.

Die Netto-Frachtkosten sind für den Verkäufer Aufwand. Die in der Speditionsrechnung enthaltene USt kann er als Vorsteuer beim Finanzamt geltend machen.

Nach Lösungsvergleich ⟶ weiter mit Übung 24

Übung 24

Die Interexport-AG, Salzburg, liefert am 20.3. an die Plastik AG, Kundenkonto 20005, Bregenz, Gartenmöbel frei Haus und zwar

200	Klappsessel,	farbsortiert, à EUR 50,00	EUR	10.000,00
100	Liegestühle,	farbsortiert, à EUR 80,00	EUR	8.000,00
40	Klapptische,	farbsortiert, à EUR 60,00	EUR	2.400,00
			EUR	20.400,00
		zuzüglich 20 % USt	EUR	4.080,00
			EUR	24.480,00

zahlbar 30 Tage ab Rechnungsdatum ohne jeden Abzug (AR 47).

Am 23.3. erhält die Interexport-AG die Rechnung des Spediteurs über EUR 500,00 + 20 % USt. Die Rechnung wird von der Interexport sofort durch Banküberweisung beglichen (Sp 18).

Am 24.3. reklamiert die Plastik AG, von den **Liegestühlen** seien **10 Stück** nach dem ersten Auseinanderklappen in alle Bestandteile zerfallen. Sie stellen diese Liegestühle zur Verfügung. Die Interexport bittet die Plastik AG, diese Liegestühle auf Kosten der Interexport zurückzusenden und sendet am 27.3. eine entsprechende Gutschrift für diese **Retourware** an die Plastik AG (G 4).

Am 30.3. trifft die Frachtrechnung für den Rücktransport bei der Interexport AG ein: EUR 72,00 inkl. 20 % USt – Sp 19. Die Rechnung wird sofort überwiesen.

Aufgabe:

Geben Sie bitte die Buchungssätze für diese Tatbestände aus der Sicht der Interexport AG an.

Sie können die Darstellung der Buchungssätze nach der im Band I üblichen Form wählen oder in der für AMC I erforderlichen Form. Wir haben Ihnen für beide Varianten die Raster vorgegeben.

Wenn Sie die Variante nach AMC I wählen, geben Sie in der letzten Spalte die Auswirkung auf den Gewinn an, d.h. mit + gewinnerhöhend, mit – gewinnmindernd und mit 0 keine Auswirkung auf den Gewinn. Vermerken Sie bei jedem Geschäftsfall auch Datum und Beleg. Statt des Personenkontos ist das Sammelkonto Lieferforderungen zu verwenden..

Dat.	Beleg	Kontonummer, Kontobezeichnung	Soll	Haben

Dat.	Beleg	Soll-Konto	Haben-Konto	Betrag	Auswirkung Gewinn

Kommentar zu Ü 24

Rücksendungen an den Verkäufer bedeuten für diesen eine Rückgängigmachung der Verkaufsbuchung. In diesem Fall werden

10 Liegestühle à EUR 80,00	EUR	800,00
+ 20 % USt	EUR	160,00
	EUR	960,00

zurückgebucht.

Nach Lösungsvergleich

 Informationen zu den nächsten Übungsaufgaben
Informationsteil, Kapitel 7.3

Übungen zu 7.3. – Verbuchung von Rabatten

Die folgenden Übungsbeispiele zeigen den selben Geschäftsfall
- einmal aus der Sicht des Käufers
- einmal aus der Sicht des Verkäufers

Übung 25

Wir kaufen von der Firma Müller, Personenkonto 33003, ab Werk

100 Kühlschränke Marke „Nordpol" à EUR 200,00	EUR	20.000,00
– 10 % Mengenrabatt	EUR	2.000,00
	EUR	18.000,00
+ 20 % USt	EUR	3.600,00
	EUR	21.600,00

zahlbar innerhalb von 30 Tagen netto Kassa.
Verbuchen Sie in Zusammenhang mit obigem Geschäftsfall folgende Tatbestände auf Hauptbuch- bzw. Personenkonten. Die Zukäufe werden in Klasse 5 verbucht. Die Kühlschränke stellen für uns Handelsware dar. Nummerieren und benennen Sie die Konten entsprechend dem Kontenplan. Geben Sie in der Datumspalte die Tatbestandsnummer ((1), (2) usw.) und in der Textspalte die Nummer des Gegenkontos (der Gegenkonten) an.

(1) Die Kühlschränke samt Rechnung treffen ein.

(2) Wir überweisen an den Spediteur für die Zustellung

	EUR	600,00
+20 % USt	EUR	120,00
	EUR	720,00

(3) 6 Tage später stellt unsere Qualitätskontrolle fest, dass 5 Kühlschränke schwere Konstruktionsmängel aufweisen. Wir senden diese Kühlschränke an Müller auf dessen Rechnung zurück.

(4) Die restlichen Kühlschränke weisen leichte, fabrikationsbedingte Emailschäden auf. Wir vereinbaren mit Müller telefonisch einen Preisnachlass von 20 %.

(5) Wir zahlen den offenen Rechnungsbetrag am 30. Tag nach Rechnungslegung durch Banküberweisung.

2800 Bank

Dat.	Text	Soll	Haben	Dat.	Text	Soll	Haben
	AB	40.000,00					

Dat.	Text	Soll	Haben

Dat.	Text	Soll	Haben

Kommentar zu Ü 25

ad (1) Der sofort gewährte Rabatt scheint in den Buchungen nicht auf. Sie buchen sofort die um diesen Rabatt verminderten Beträge.

ad (3) Vergessen Sie nicht bei den Retourwaren auf den sofort gewährten Rabatt! Der **Wert der Retourwaren** errechnet sich daher folgendermaßen:

5 Stück à EUR 200,00	EUR	1.000,00
– 10 % Mengenrabatt	EUR	100,00
	EUR	900,00
+ 20 % USt	EUR	180,00
Gesamtbetrag	EUR	1.080,00

ad (4) Nachträglich gewährte Rabatte vermindern beim Käufer Einstandspreis, Vorsteuerforderung an das Finanzamt sowie seine Schuld gegenüber dem Lieferanten.
Beachten Sie hier:
Nur noch von der Restschuld (Gesamtrechnungsbetrag abzüglich Retourwaren) ist der Rabatt zu ermitteln.

Rechnungsbetrag	EUR	21.600,00			
– Retourware	EUR	1.080,00			
	EUR	20.520,00	davon 20 % Mängelrabatt	EUR	4.104,00
			– USt (a.H. 4104 x 20/120)	EUR	684,00
			Rabatt ohne USt	EUR	3.420,00

ad (5) **Berechnung der Restschuld**

Rechnungsbetrag	EUR	21.600,00
– Retourware	EUR	1.080,00
– Mängelrabatt	EUR	4.104,00
	EUR	16.416,00 = Saldo am Konto 33003

Nach Lösungsvergleich ———▶ weiter mit Übung 26

Übung 26

Wir verkaufen der Firma Mayer, Personenkonto 20010, ab Werk

100 Kühlschränke Marke „Nordpol" à EUR 200,00	EUR	20.000,00
– 10 % Mengenrabatt	EUR	2.000,00
	EUR	18.000,00
+ 20 % USt	EUR	3.600,00
	EUR	21.600,00

zahlbar innerhalb von 30 Tagen netto Kassa.

Einführung in die Buchhaltung im Selbststudium: Übungsteil Ü 26

Aufgabe:

Verbuchen Sie die folgenden Tatbestände auf den vorgegebenen Konten. Geben Sie in der Datumspalte die Nummer des Geschäftsfalles ((1), (2) usw.) und in der Textspalte die Kontonummer des Gegenkontos (der Gegenkonten) an.

(1) Die Kühlschränke werden samt Rechnung dem Kunden zugestellt.

(2) Sechs Tage später sendet der Kunde 5 Kühlschränke wegen schwerer Konstruktionsmängel zurück. Die Reklamation ist berechtigt.

(3) Für den Rücktransport bezahlen wir EUR 80,00 + 20 % USt bar.

(4) Der Kunde reklamiert, dass die restlichen Kühlschränke leichte fabrikationsbedingte Emailschäden aufweisen. Wir vereinbaren mit ihm einen Preisnachlass von 20 %.

(5) Der Kunde bezahlt den offenen Rechnungsbetrag am 30. Tag nach der Lieferung durch Banküberweisung.

2700 Kassa

Dat.	Text	Soll	Haben
	AB	400,00	

2800 Bank

Dat.	Text	Soll	Haben
	AB	8.000,00	

Dat.	Text	Soll	Haben

Dat.	Text	Soll	Haben

Dat.	Text	Soll	Haben

Dat.	Text	Soll	Haben

Dat.	Text	Soll	Haben

Dat.	Text	Soll	Haben

Kommentar zu Ü 26

ad (2) Vergessen Sie nicht auf den sofort gewährten Rabatt. Die Rechnung der Retourwaren muss gleich sein wie beim Käufer (vergleichen Sie ad (3) in Ü 25).

ad (4) Beachten Sie bitte, dass nachträglich gewährte Rabatte für den Verkäufer eine Erlösberichtigung darstellen und als solche auf dem entsprechend benannten Konto zu verbuchen sind. Weniger Erlös bedeutet jedoch auch eine geringere Verbindlichkeit gegen das Finanzamt und eine geringere Forderung an den Kunden.

Die Höhe des Rabatts vergleichen Sie mit der Berechnung beim Käufer (ad (4) in Ü 25).

Nach Lösungsvergleich

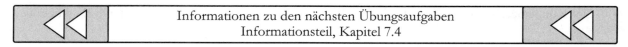

Informationen zu den nächsten Übungsaufgaben
Informationsteil, Kapitel 7.4

Übung zu 7.4 – Private Warenentnahme

Übung 27

Ein Gartengeräte-Händler entnimmt seinem Lager einen elektrischen Rasenmäher, um diesen seinem Sohn zum Geburtstag zu schenken.

Einstandspreis des Rasenmähers ohne USt EUR 240,00
Verkaufspreis des Rasenmähers ohne USt EUR 330,00
Rasenmäher unterliegen einer 20 %igen Umsatzsteuer.

Aufgabe:

Geben Sie bitte den Buchungssatz im untenstehenden Schema an. Beantworten Sie im Anschluss daran die theoretische Frage.

Kontonummer, Kontobezeichnung	Soll	Haben

Der Saldo des Privatkontos wird am Jahresende auf das_____ übertragen.
(Bitte setzen Sie den Namen des entsprechenden Kontos ein.)

Kommentar zu Ü 27

Der Händler entnimmt den Rasenmäher natürlich zum Einstandspreis. Für die Privatentnahme ist Umsatzsteuer zu zahlen, der Händler wird zum Letztverbraucher.

Nach Lösungsvergleich ⟶ weiter mit Übung 28

Übung 28 Zusammenfassendes Beispiel Wareneinkauf mit Transportkosten, Retourware, Rabatt, Rechnungsausgleich und private Warenentnahme

Ihr Unternehmen: EDV-Profi Bernd Schilcher, Graz

02.05.: Sie bestellen auf Grund eines Angebotes bei der Epson Generalvertretung Österreich (33010) 100 Drucker Epson Stylus zum Nettopreis von EUR 98,00 pro Stück ab Werk.

10.05.: Sie erhalten die Mitteilung, dass die Drucker abholbereit sind und beauftragen die Spedition Rapid mit der Abholung und Lieferung in Ihr Lager.

12.05.: Die Computer treffen samt Rechnung von Epson bei Ihnen ein:

100 Stück Epson Stylus à 98,00	EUR	9.800,00
+ 20 % USt	EUR	1.960,00
	EUR	11.760,00
30 Tage Ziel		

Nach Kontrolle der Ware und Rechnung reklamieren wir telefonisch:
10 Drucker sind defekt und werden von uns auf Kosten Epsons zurückgeschickt.
Es wurde vergessen, uns den zugesagten Einführungsrabatt von 20 % zu gewähren.

17.05.: Die Gutschrift von Epson trifft ein.

Retourware 10 Stück Epson Stylus à 98,00	EUR	980,00
20 % Rabatt auf 90 Epson Stylus à 98,00	EUR	1.764,00
	EUR	2.744,00
+ 20 % USt	EUR	548,80
Gesamtgutschrift	EUR	3.292,80

18.05.: Sie erhalten für diesen Transport die Rechnung der Spedition Rapid und überweisen sofort: EUR 180,00 zuzüglich 20 % USt.

11.06.: Sie überweisen den offenen Rechnungsbetrag an Epson.

20.06.: Sie entnehmen einen Drucker als Geschenk für Ihr Patenkind.

Aufgabe:

Geben Sie die Buchungssätze derart an, dass Sie die Nettobeträge und die Umsatzsteuer getrennt verbuchen.

Geben Sie bitte in der ersten Spalte das Datum des Geschäftsfalles an. In der Spalte SOLL- bzw. HABEN-konto tragen Sie bitte entweder die Kontenklasse oder die Kontennummer, auf jeden Fall aber auch die Kontenbezeichnung ein. Die letzten drei Spalten dienen dazu, die Auswirkung auf einen möglichen Gewinn dieser Geschäftsfälle anzumerken. Gewinnerhöhend = +, gewinnmindernd = –, gewinnneutral = 0.

Beachten Sie bitte: die Zukäufe werden sofort als Aufwand verbucht.

Dat.	SOLLKonto	HABENkonto	Betrag	Auswirkung auf den Gewinn		
				+	–	0

Kommentar zu Ü 28

ad 02.05.: Eine Bestellung ist kein buchungswirksamer Tatbestand. Buchungsbeleg ist die Eingangsrechnung.

ad 17.05.: Sowohl die Retourware als auch ein nachträglicher Rabatt bewirken
- geringeren Warenwert (Habenbuchung auf dem Verbrauchskonto)
- geringere Vorsteuer (Habenbuchung auf dem Vorsteuerkonto)
- geringere Verbindlichkeiten gegenüber dem Lieferanten (Sollbuchung auf dem Lieferantenkonto)

ad 20.06.: Für die private Warenentnahme ist der Einstandspreis zu ermitteln.
Sie rechnen: EUR 98,00 minus 20 % Rabatt zuzüglich EUR 2,00 für den Transport (insgesamt haben Sie an Transportkosten netto EUR 180,00 verbucht, bei 90 tatsächlich im Lager befindlichen Stück bedeutet dies Transportkosten von EUR 2,00 je Stück.

Nach Lösungsvergleich ⟶ weiter mit Ü 29

Übung 29 – Zusammenfassendes Beispiel Verkauf von Fertigerzeugnissen mit Transportkosten, Retourware, Rabatt und Rechnungsausgleich

Ihr Unternehmen: Maschinenfabrik Haas, Kufstein

02.08.: Die Tischlerei Winkler (20034) Graz bestellt auf Grund unseres Angebotes 10 Schleifmaschinen Vario zum Nettostückpreis frei Haus um EUR 1.200,00. Die Lieferung erfolgt laut Angebot innerhalb von 30 Tagen ab Bestelleingang, Zahlungsziel 30 Tage ab Rechnungsdatum.

01.09.: Wir lassen durch die Spedition Inntrans die Schleifmaschinen an Winkler liefern. Gleichzeitig übersenden wir an Winkler die Rechnung:

10 Stück Schleifmaschinen Vario C 10 à EUR 1.200,00	EUR	12.000,00
Zuzüglich 20 % USt	EUR	2.400,00
	EUR	14.400,00
Lieferung frei Haus		
Zahlbar bis 1.10.		

Einführung in die Buchhaltung im Selbststudium: Übungsteil Ü 29

05.09.: Winkler hat zu Recht reklamiert.
2 Schleifmaschinen müssen wegen Motorschaden zurückgenommen werden. Auf die restlichen 8 Maschinen gewähren wir Winkler einen Rabatt von 10 %. Wir senden daher folgende Gutschrift an Winkler:

Retourware 2 Schleifer Vario C10 à EUR 1.200,00	EUR	2.400,00
10 % Rabatt auf 8 Schleifer Vario C10 à EUR 1.200,00	EUR	960,00
	EUR	3.360,00
+ 20 % Umsatzsteuer	EUR	672,00
Gesamtgutschrift	EUR	4.032,00

10.09.: Für den Transport sowie den Rücktransport überweisen wir an die Spedition Inntrans EUR 360,00 inkl. 20 % USt.

03.10. Wir entnehmen dem Kontoauszug die Zahlung durch die Tischlerei Winkler. Der offene Restbetrag wurde überwiesen.

Aufgabe:

Geben Sie die Buchungssätze derart an, dass Sie die Nettobeträge und die Umsatzsteuer getrennt verbuchen.

Geben Sie bitte in der ersten Spalte das Datum des Geschäftsfalles an. In der Spalte SOLL- bzw. HABENkonto tragen Sie bitte entweder die Kontenklasse oder die Kontennummer, auf jeden Fall aber auch die Kontenbezeichnung ein. Die letzten drei Spalten dienen dazu, die Auswirkung auf einen möglichen Gewinn dieser Geschäftsfälle anzumerken. Gewinnerhöhend = +, gewinnmindernd = –, gewinnneutral = 0.

Dat.	SOLLKonto	HABENkonto	Betrag	Auswirkung auf den Gewinn		
				+	–	0

Kommentar zu Ü 29

ad 05.09.: Vergessen Sie nicht, die Retourware bedeutet das Rückbuchen einer tatsächlichen Verkaufsbuchung, d.h. der Nettobetrag der Retourware wird im Soll des Umsatzerlöskontos verbucht.

Ein nachträglicher Rabatt hingegen ist eine Erlösberichtigung und wird auf einem eigenen Konto in Klasse 4, dem Konto „Erlösberichtigungen" im Soll verbucht.

ad 10.09.: Transportkosten im Zusammenhang mit Verkäufen bedeuten für den Verkäufer einen zusätzlichen betrieblichen Aufwand – ein entsprechendes Konto finden Sie daher in Klasse 7.

Nach Lösungsvergleich

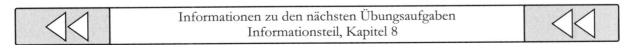

Informationen zu den nächsten Übungsaufgaben
Informationsteil, Kapitel 8

Übungen zu 8 – Verbuchung von Aufwendungen

Übung 30

Geben Sie bitte zu den folgenden Belegen den Buchungssatz im Raster (im Anschluss an die Belege) aus der Sicht der Firma Schröck an. Die Firma Schröck handelt mit Wohntextilien (Vorhänge etc.). Wir haben Ihnen sowohl den Raster für die im Buch üblicherweise verwendete Schreibweise von Buchungssätzen abgebildet als auch jenen zur Kontierung entsprechend AMC I.
Überlegen Sie, welche Belege bereits bezahlt wurden (Überweisung oder Barzahlung). Belege, bei denen die Zahlung erst später erfolgt, sind auf das Verbindlichkeiten-Sammelkonto zu buchen.
Nummerieren und benennen Sie die Konten nach dem Kontenplan.
Schreiben Sie bitte jeweils die Zahl des Beleges ((1), (2) usw.) vor die erste Zeile des betreffenden Buchungssatzes. Machen Sie nach jedem Buchungssatz einen dicken Strich.

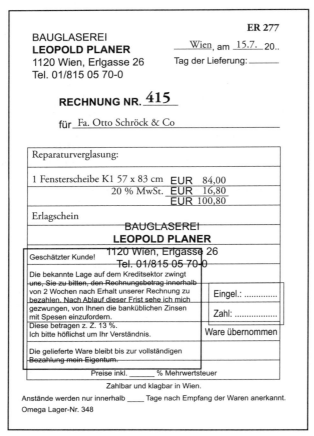

Einführung in die Buchhaltung im Selbststudium: Übungsteil Ü 30

④

Steuerberatungskanzlei
Dr. Wolfgang Ezzes

1130 Wien – Altgasse 23
☎ : 01/867 59 86

BAWAG
BLZ 14000, Kto.-Nr. 05684-990-556
Postsparkasse
BLZ 60000, Kto.-Nr. 1356.789
Firmenbuchnummer 25002
Firmenbuchgericht: Wien
UID: ATU 4562345

Firma
Otto Schröck & Co
Ruckergasse 16
1120 Wien

Wien, 13. Juli 20..

<u>HONORARNOTE Nr. 217</u>

Steuerliche Beratung und Erstellung der Abgaben-erklärung für das Jahr 20..	Pauschale	EUR	2.650,00
	20 % Umsatzsteuer	EUR	530,00
		EUR	3.180,00

Ich bitte Sie, den obenstehenden Betrag in den nächsten Tagen auf mein Konto bei der BAWAG, Konto Nr. 05684-990-556, einzuzahlen.

Mit freundlichen Grüßen

⑤

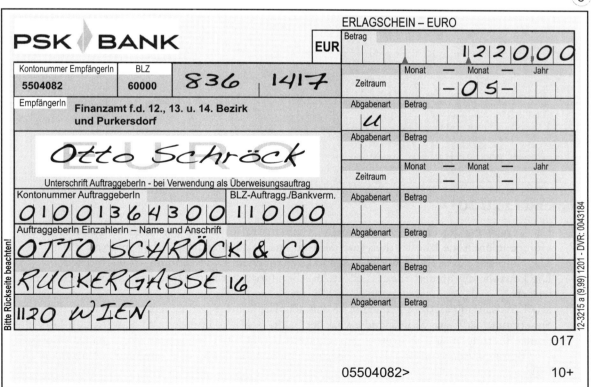

Kontonummer, Kontobezeichnung	Soll	Haben

Dat.	SOLLKonto	HABENkonto	Betrag	Auswirkung auf den Gewinn		
				+	–	0

Kommentar zu Ü 30

ad (1) Die Verglasung der Fensterscheibe stellt Erhaltungsaufwand dar. Die Rechnung ist noch offen.
ad (2) Gültige inländische Briefmarken sind ust-frei. Die Bezahlung erfolgte bar am Postamt.
ad (3) Die Faltprospekte sind als Werbeaufwand zu verbuchen. Die Rechnung ist noch offen.
ad (4) Die Leistung des Steuerberaters gehört zum Beratungsaufwand. Die Rechnung ist noch nicht überwiesen.
ad (5) Die USt-Zahlung an das Finanzamt ist vom Zahllastkonto abzubuchen.
Sie erinnern sich: am Monatsende wird der Saldo des VSt- und des USt-Kontos auf das Zahllastkonto übertragen und spätestens am 15. des übernächsten Monats an das Finanzamt abgeführt. Der Betrag wurde vom Bankkonto überwiesen (Angabe der Kontonummer des Einzahlers am Beleg).

Nach Lösungsvergleich

 Informationen zu den nächsten Übungsaufgaben
Informationsteil, Kapitel 9

Übungen zu 9 – Möglichkeiten des Rechnungsausgleichs

Übung 31

Die Firma H. Zeidler gleicht am 10.3. die Rechnung 1234 vom 8.3. über EUR 1.687,80 durch Banküberweisung aus. Zeidler hat die Rechnung nach Erhalt auf dem Konto 33001 Firma Eduard Heller verbucht.

Geben Sie bitte den Buchungssatz für den Rechnungsausgleich an:

Nach Lösungsvergleich ⟶ weiter mit Übung 32

Übung 32

Wir übersenden per Postnachnahme Waren an die Firma Anton Haberl, Bad Ischl.
Die Faktura lautet auf EUR 840,00 (700,00 + EUR 140,00 USt), AR 171 vom 20.4.
An Portospesen sind EUR 9,50 (Paketporto) bar am Postschalter zu zahlen (K 201, 20.4.).
Am 28.4. werden EUR 830,00 für die Nachnahmesendung unserem PSK-Konto gutgeschrieben (P 58).
Dieser Betrag ergibt sich aus

	EUR	840,00	Nachnahmebetrag
–	EUR	10,00	Gebühr
	EUR	830,00	

Aufgabe 1:

Stellen Sie bitte diese Tatbestände auf den untenstehenden Konten dar.
Geben Sie bitte jeweils das Datum, den Beleg und die Nummer des Gegenkontos an.

2700 Kassa

Dat.	Text	Soll	Haben
	AB	765,00	

Dat.	Text	Soll	Haben

Dat.	Text	Soll	Haben

Dat.	Text	Soll	Haben

Dat.	Text	Soll	Haben

Dat.	Text	Soll	Haben

Dat.	Text	Soll	Haben

Die Kommentare finden Sie gesammelt am Ende der drei Aufgaben.

Aufgabe 2:

Verbuchen Sie diesen Sachverhalt aus der Sicht des Kunden, der Firma Anton Haberl. Haberl bucht seine Zukäufe sofort als Aufwand.
Haberl erhält die Ware am 23.4. (ER 53) und zahlt außer der Nachnahme von EUR 840,00 noch EUR 3,50 an Zustellgebühr bar.

2700 Kassa

Dat.	Text	Soll	Haben
	AB	976,00	

Dat.	Text	Soll	Haben

Dat.	Text	Soll	Haben

Dat.	Text	Soll	Haben

Aufgabe 3:

Wie hätte der Verkäufer die Nichtannahme zu verbuchen?

Sie sehen im untenstehenden Kontenbild die Buchung der Faktura (20.4.) und der Portospesen (20.4.). Nehmen Sie an, am 26.4. kommt die Nachnahmesendung an uns zurück, da Haberl die Annahme verweigert hat. Für die Rücksendung zahlen wir eine Gebühr von EUR 12,90 bar (K 205). Beleg für die Retourware R 7.

2700 Kassa

Dat.	Text	Soll	Haben
	AB	765,00	
20.4.	K 201/7380		9,50

7380 Portogebühren

Dat.	Text	Soll	Haben
20.4.	K 201/2700	9,50	

2040 Nachnahmeforderungen

Dat.	Text	Soll	Haben
20.4.	AR171/3500, 4000	840,00	

4000 Umsatzerlöse

Dat.	Text	Soll	Haben
20.4.	AR171/2040		700,00

3500 Umsatzsteuer

Dat.	Text	Soll	Haben
20.4.	AR171/2040		140,00

Kommentar zu Ü 32

ad Aufgabe 1:	– Der Rechnungsbetrag wird zunächst als Forderung an Haberl (auf dem Konto 2040 Nachnahmeforderungen) verbucht.
	– Die Portospesen zählen zu den Ausgangsfrachten, jedoch zu buchen auf dem Konto 7380.
	– Die Gebühr für die Gutschrift auf das Konto des Verkäufers ist auf dem Konto 7790 Spesen des Geldverkehrs zu verbuchen.
ad Aufgabe 2:	Die Zustellgebühr, die der Käufer zu zahlen hat, ist auf dem Konto 5010 zu verbuchen.
ad Aufgabe 3:	– Stornierung der Buchung des Warenverkaufs.
	– Gebühren für die Rücksendung sind hier als Postgebühren zu verbuchen.

Nach Lösungsvergleich

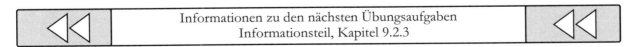

Informationen zu den nächsten Übungsaufgaben
Informationsteil, Kapitel 9.2.3

Übungen zu 9.2.4 – Zahlungen mittels Kredit- und Bankomatkarten

Übung 33

Die Firma Johann Diamant, Optik-Uhren-Schmuck, hat am 13.2. Blumen im Blumenhaus König gekauft und mit der Firmenkreditkarte bezahlt. Diese Blumen verschenkt Herr Diamant am Valentinstag an seine Kundinnen.

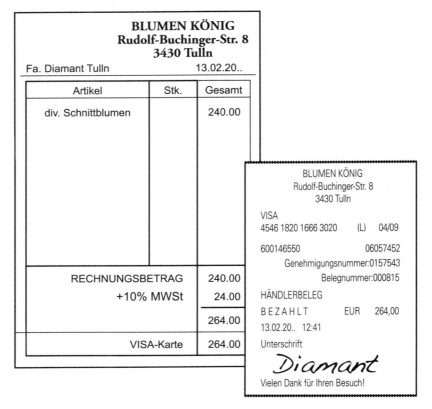

Am 10.3. erhält das Schmuckgeschäft die Monatsabrechnung der Kreditkartenorganisation, lautend auf EUR 264,00. Dieser Betrag wird am 28.3. vom Geschäftsbankkonto überwiesen.

Aufgabe 1:

Stellen Sie die Buchungen aus der Sicht des Schmuckgeschäftes Diamant in Form von Buchungssätzen im vorgegebenen Raster für den Kauf und für die Überweisung dar.

Dat.	Kontonummer, Kontobezeichnung	Soll	Haben

Aufgabe 2:

Das Blumengeschäft hat am 13.2. in Summe Umsätze in Höhe von EUR 886,60 inkl. 10 % USt erzielt, die mittels Visa von den Käufern beglichen wurden.

Das Blumengeschäft erhält am 18.2. die Gutschrift für diesen Tagesumsatz abzüglich 4% Provision (+ 20 % USt). Als Beleg dient der Kontoauszug.

a) Überlegen Sie, wie die Abrechnung von Visa aussehen könnte. Stellen Sie diese betragsmäßig oberhalb des Rasters dar.

b) Geben Sie in dem untenstehenden Raster die Buchungen an, die sich aus diesen Tatbeständen für die Blumenhandlung am 13. und am 18.2. ergeben. Gehen Sie davon aus, dass die Blumenhandlung den Verkauf und die Abrechnung der Kreditkartenorganisation getrennt verbucht.

Dat.	Kontonummer, Kontobezeichnung	Soll	Haben

Kommentar zu Ü 33

ad Aufgabe 1: Diese Buchungen sollten für Sie kein Problem sein.
Die Blumen stellen für das Schmuckgeschäft Werbeaufwand dar.

ad Aufgabe 2: Bei der Berechnung der Provision müssen Sie daran denken, dass die Kreditkartenorganisation die Provision vom Rechnungsbetrag (= Visa-Beleg) berechnet und dazu 20 % USt rechnet. Überwiesen wird der Rechnungsbetrag abzüglich Provision und USt auf diese Provision.
Die Buchungen selbst dürften ebenfalls kein Problem darstellen.

Nach Lösungsvergleich ⟶ weiter mit Übung 34

Übung 34

Das Papiergeschäft Stöger hat am 7.10. Bankomatkartenumsätze in Höhe von EUR 447,60 (EUR 373,00 + 20 % USt).

Am 9.10. zeigt der Kontoauszug diese Gutschrift.

Am 5.11. zeigt der Kontoauszug die Abbuchung der Provision für die Bankomatkartenumsätze des Monats Oktober:

		EUR	24,60
zuzüglich 20 % Ust		EUR	4,92
Gesamtbelastung		EUR	29,52

Aufgabe:

Stellen Sie die daraus resultierenden Buchungen aus der Sicht des Papiergeschäftes in Form von Buchungssätzen im untenstehenden Raster dar. Geben Sie jeweils das Datum des Geschäftsfalles und die Kontonummer und Kontobezeichnung an.

Dat.	Kontonummer, Kontobezeichnung	Soll	Haben

Nach Lösungsvergleich

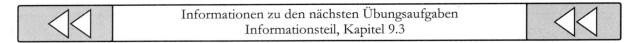

Informationen zu den nächsten Übungsaufgaben
Informationsteil, Kapitel 9.3

Übung zu 9.3 – Anzahlung

Übung 35

Am 4.8. bestellen Wesenbauer & Co, 20005, bei uns (Fa. Putz & Sauber) das Streichen aller Türen und Fenster des Bürogebäudes. Unser Kostenvoranschlag lautet auf EUR 8.000,00 + EUR 1.600,00 USt.

Am 5.8. senden wir an Wesenbauer & Co die Auftragsbestätigung sowie die Rechnung für die vereinbarte Anzahlung über € 2.000,00 + 20 % USt.

Am 10.8. ersehen wir aus dem Kontoauszug (B 135) die Überweisung Wesenbauers in Höhe von EUR 2.400,00 (inkl. 20 % USt) als Anzahlung.

Am 4.9. sind wir mit den Anstreicherarbeiten fertig und erstellen folgende Abrechnung (AR 127)

Material	EUR	1.700,00
Arbeitslohn	EUR	6.000,00
	EUR	7.700,00
zuzüglich 20 % USt	EUR	1.540,00
	EUR	9.240,00
– Anzahlung inkl. 20 % USt	EUR	2.400,00
	EUR	6.840,00

zahlbar bis zum 30.9. netto ohne jeden Abzug.

Aufgabe 1:

Buchen Sie diesen Geschäftsfall aus der **Sicht des Verkäufers** im untenstehenden Kontenschema. Die **Anzahlung** ist **nach Variante 1 (mit Interimskonto)** zu verbuchen. Als Beleg für die Interimsbuchung wählen Sie BA (Buchungsanweisung) 20 und 21. Bei jeder Buchung ist Datum, Beleg und Kontonummer des Gegenkontos anzuführen.

Einführung in die Buchhaltung im Selbststudium: Übungsteil   Ü 35

Dat.	Text	Soll	Haben

Dat.	Text	Soll	Haben

Dat.	Text	Soll	Haben

Dat.	Text	Soll	Haben

Dat.	Text	Soll	Haben

Dat.	Text	Soll	Haben

Aufgabe 2:

Buchen Sie diesen Geschäftsfall aus der **Sicht des Käufers**, der Firma Wesenbauer & Co im untenstehenden Kontenschema. Auch hier ist bei jeder Buchung Datum, Beleg und Kontonummer des Gegenkontos anzuführen. Der Lieferant Putz & Sauber hat die Personenkontennummer 33009. Die **Anzahlung** ist **nach Variante 1 (mit Interimskonto)** zu verbuchen. Als Beleg für die Interimsbuchungen verwenden Sie BA 34 und BA 38. Hinsichtlich Daten und Belege ergeben sich folgende Änderungen:

Am 7.8. erhält Wesenbauer die Rechnung für die Anzahlung in Höhe von EUR 2.000,00 + 20 % USt (noch keine Buchung).

Am 8.8. überweist Wesenbauer die Anzahlung (B 124)

Am 4.9. erhält Wesenbauer die Abrechnung (ER 98). Die Rechnung wird als Erhaltungsaufwand (vgl. Kapitel 8.3) verbucht.

2800 Bank

Dat.	Text	Soll	Haben
	AB	12.600,00	

Dat.	Text	Soll	Haben

Dat.	Text	Soll	Haben

Dat.	Text	Soll	Haben

Dat.	Text	Soll	Haben

Dat.	Text	Soll	Haben

Kommentar zu Ü 35

Bevor Sie Ihre Lösung mit unserer vergleichen, kontrollieren Sie bitte, ob Sie
- am USt- bzw. VSt-Konto in Summe jenen Betrag ausweisen, der der in der Endabrechnung ausgewiesenen USt entspricht,
- am Erlös- bzw. Aufwandkonto den gesamten Nettorechnungsbetrag verbucht haben,
- am Personenkonto als Saldo den noch zu fordernden bzw. den noch zu zahlenden Restbetrag ausweisen.

Ist dies nicht der Fall, hoffen wir, Ihnen mit Hinweisen zur Verbuchung der Anzahlung helfen zu können:
- Der Anzahlungsbetrag wird zunächst brutto verbucht. Die Aufteilung in Nettobetrag und USt-Anteil erfolgt über eine Interimsbuchung. Durch diesen Zwischenschritt ist es auch möglich, den Kauf bzw. Verkauf so zu verbuchen als hätte es keine Anzahlung gegeben. Sobald der Kauf bzw. Verkauf verbucht wurde, ist die Interimsbuchung wieder aufzulösen.
- Bei dieser Variante scheint nach Auflösung der Interimsbuchung am USt- bzw. VSt-Konto der Gesamtbetrag der Umsatzsteuer (lt. Endabrechnung) auf.

Nach Lösungsvergleich ⟶ weiter mit Übung 36

Übung 36

Am 24. 8. bestellt das Einrichtungshaus Taus bei Backhausen (33001) diverse Möbelstoffe (für Taus sind das Rohstoffe) in Summe EUR 50.000,00 + 20 % USt.
Auszug aus dem Kaufvertrag:
20 % Anzahlung bei Auftragserteilung, Rest 30 Tage Ziel;
Lieferung frei Haus.

Am 31. 8. überweist Taus die geforderte Anzahlung in Höhe von EUR 10.000,00 + 20 % USt.

Am 25.10. werden die Stoffe geliefert und die Rechnung übergeben.

Am 28.10. reklamiert Taus. Die Breite der Stoffbahnen entspricht nicht der Vereinbarung. Am 3.11. erhält Taus eine Gutschrift über 10 % Rabatt auf den Gesamtbetrag.

Am 25.11. überweist Taus den offenen Restbetrag.

Aufgabe 1:

Buchen Sie diesen Geschäftsfall aus der **Sicht des Einrichtungshauses Taus (Käufer)** im untenstehenden Kontenschema. Die **Anzahlung** ist **nach Variante 1 (mit Interimskonto)** zu verbuchen. Geben Sie bei jeder Buchung das Datum und in der Textspalte die Nummer(n) des(der) Gegenkontos (-konten) an.

2800 Bank

Dat.	Text	Soll	Haben
	AB	72.700,00	

Dat.	Text	Soll	Haben

Dat.	Text	Soll	Haben

Dat.	Text	Soll	Haben

Dat.	Text	Soll	Haben

Dat.	Text	Soll	Haben

Kommentar zu Übung 36, Aufgabe 1

Die Verbuchung der Anzahlung selbst sollte keine Schwierigkeiten bereiten. Sie müssen jedoch überlegen, welches Anzahlungskonto der Käufer wählt. Taus leistet die Anzahlung auf Rohstoffe, daher ist das Konto „Geleistete Anzahlung auf Vorräte" (Klasse 1) zu verwenden, auch dann, wenn die Rohstoffe sofort als Aufwand verbucht werden.

Beachten Sie:

Im Erläuterungsbeispiel (Band I) handelte es sich um einen Anlagenkauf (Klasse 0), daher wurde das Konto „Geleistete Anzahlung auf Sachanlagen" (Klasse 0) gewählt. In Beispiel 32 hat Wesenbauer die Anzahlung für eine Dienstleistung, nämlich das Streichen der Türen und Fenster geleistet und dadurch das Konto „2390 Geleistete Anzahlungen (sonstige)" verwendet.

Aufgabe 2:

Buchen Sie diesen Geschäftsfall aus der **Sicht des Verkäufers, der Firma Backhausen**. Das Einrichtungshaus Taus wird mit der Kundenkontonummer 20021 geführt.

Bei den Daten gibt es folgende Änderungen:

Am 4.9. ersieht Backhausen die Überweisung der Anzahlung.

Das Datum der Rechnungslegung und damit der Verbuchung der Lieferung bleibt gleich.

Die Gutschrift über 10 % Rabatt auf den Gesamtbetrag wird von Backhausen am 30.10. übersandt.

Am 2.11. erhält Backhausen die Speditionsnota für die Zustellung der Stoffe an Taus in Höhe von EUR 300,00 + 20 % USt und überweist sofort.

Die Restzahlung ersieht Backhausen am 29.11. aus dem Kontoauszug.

Dat.	Text	Soll	Haben

Dat.	Text	Soll	Haben

Dat.	Text	Soll	Haben

Dat.	Text	Soll	Haben

Dat.	Text	Soll	Haben

Dat.	Text	Soll	Haben

Dat.	Text	Soll	Haben

Dat.	Text	Soll	Haben

Dat.	Text	Soll	Haben

Dat.	Text	Soll	Haben

Kommentar zu Übung 36, Aufgabe 2

Auch aus Verkäufersicht sollte die Verbuchung der Anzahlung keine Schwierigkeiten machen.

Zwei Hinweise, bevor Sie Ihre Lösung mit unserer vergleichen:

o Da die Lieferkondition „frei Haus" lautet, trägt der Verkäufer die Kosten für die Lieferung. Sie sind für ihn Aufwand und die anteilige USt ist wie bei jeder Eingangsrechnung Vorsteuer.

o Ein nachträglich gewährter Rabatt stellt für den Verkäufer eine Berichtigung des Erlöses dar und wird auf einem eigenen Konto verbucht.

Nach Lösungsvergleich

 Informationen zu den nächsten Übungsaufgaben
Informationsteil, Kapitel 9.4

Übungen zu 9.4 – Zahlungskonditionen

Übung 37 – Sofort gewährter Skonto

Kassazettel der Papierhandlung DOM Papier für einen Barverkauf an das Sporthaus Dönch:

DOM Papier — 4020 Linz
Domplatz 2 - 4

Sporthaus Dönch

Anz.	Datum 22. 7. 20..	Einzelpreis	EUR	
20	Ordner	2,40	48,	--
5	Postmappen	6,20	31,	--
5	Locher	2,10	10,	50
10	Pakete Kopierpapier	6,40	64,	--
			153,	50
	- Skonto		3,	50
			150,	--
	+ 20 % Umsatzsteuer		30,	--
			180,	--

BEZAHLT

inklusive ..20.. % MWSt.

Aufgabe 1:
Kontieren Sie bitte diesen Beleg vom Standpunkt des Lieferanten (DOM Papier)

Kontonummer, Kontobezeichnung	Soll	Haben

Aufgabe 2:
Kontieren Sie bitte diesen Beleg vom Standpunkt des Käufers (Sporthaus Dönch). Das Sporthaus Dönch bucht die Rechnung als Büromaterialaufwand.

Kontonummer, Kontobezeichnung	Soll	Haben

Kommentar zu Übung 37

Beachten Sie:

Sofort gewährte Preisnachlässe gehen weder in die Buchhaltung des Verkäufers, noch in die Buchhaltung des Käufers ein. Zu buchen ist nur der Betrag nach Abzug des Skontos.

Nach Lösungsvergleich ———▶ weiter mit Übung 38

Übung 38 – Skonto nach Rechnungslegung beim Verkäufer

Steinlechner & Co erhalten am 26.9. einen PSK-Tagesauszug mit folgendem Erlagschein:

ERLAGSCHEIN – EURO

PSK BANK — Betrag EUR 2.328,–
Kontonummer EmpfängerIn: 00041236678
Empfängerbank: PSK
EmpfängerIn: Steinlechner & Co.
Unterschrift AuftraggeberIn: Gertrud Altmann
Kontonummer AuftraggeberIn: 11362770700
BLZ-Auftragg./Bankverm.: 11000
Verwendungszweck: RE. NR. 138
2.400,–
−3 % Skonto   72,–
2.328,–
AuftraggeberIn EinzahlerIn – Name und Anschrift:
BOUTIQUE GERTI
JAEGERSTR. 13
1200 WIEN

Aufgabe:

Verbuchen Sie diese Zahlung aus der Sicht der Firma Steinlechner. Die Buchungen auf den angeführten Konten resultieren aus dem dazugehörenden Warenverkauf.

Geben Sie bitte bei der Verbuchung der Zahlung wieder Datum und Kontonummer des Gegenkontos an. Der Kunde hat den Skonto berechtigterweise abgezogen.

20006 Boutique Gerti

Dat.	Text	Soll	Haben
20.9.	AR 47/ 3500, 4000	2.400,00	

3500 Umsatzsteuer

Dat.	Text	Soll	Haben
20.9.	AR 47/ 20006		400,00

Dat.	Text	Soll	Haben

4000 Umsatzerlöse

Dat.	Text	Soll	Haben
20.9.	AR 47/ 20006		2.000,00

Einführung in die Buchhaltung im Selbststudium: Übungsteil   Ü 39

Dat.	Text	Soll	Haben

Kommentar zu Ü 38

An den Kunden gewährte Skonti bedeuten für den Lieferanten
- Verminderung der Forderung
- Verminderung der Umsatzsteuerverbindlichkeit
- Verminderung des Erlöses (gebucht wird jedoch nicht am Erlöskonto, sondern am Konto 4440 Skontoaufwand)

Nach Lösungsvergleich ⟶ weiter mit Übung 39

Das folgende Übungsbeispiel zeigt denselben Geschäftsfall
- einmal aus der Sicht des Käufers
- einmal aus der Sicht des Verkäufers

Übung 39 – Skonto nach Variante A + B (beim Käufer)

Die Firma Rosenbauer (Feuerwehr-Ausstatter) kauft von IBM (33004) diverse Computererweiterungen um insgesamt EUR 35.000,00 zuzügl. 20% USt.
Die Zahlungskondition lautet:
„Zahlbar innerhalb von 10 Tagen abzüglich 3% Skonto oder 60 Tage Ziel."
Am 7.4. werden die Computerteile geliefert, die Rechnung übergeben.
Am 13.4. überweist Rosenbauer den Rechnungsbetrag abzüglich Skonto.

Aufgabe 1:

Stellen Sie die Buchungssätze, die sich aus dem Kauf und der Zahlung mittels Skonto aus der Sicht des Käufers ergeben, nach den Varianten A und B dar.

Buchungen des Käufers bei Variante A:

Buchungen des Käufers bei Variante B:

Aufgabe 2:

Gehen Sie davon aus, dass der Skonto nicht ausgenutzt werden konnte und die Zahlung durch Banküberweisung erst am 5. Juni erfolgte.
Stellen Sie zu beiden Varianten die Buchungen für den Kauf und die Zahlung aus der Sicht des Käufers auf den untenstehenden Konten dar.

Variante A:

2800 Bank

Dat.	Text	Soll	Haben
	Div.	50.000,00	

Dat.	Text	Soll	Haben

Dat.	Text	Soll	Haben

Dat.	Text	Soll	Haben

Dat.	Text	Soll	Haben

Dat.	Text	Soll	Haben

Variante B:

2800 Bank

Dat.	Text	Soll	Haben
	Div.	50.000,00	

Dat.	Text	Soll	Haben

Dat.	Text	Soll	Haben

Dat.	Text	Soll	Haben

Dat.	Text	Soll	Haben

Dat.	Text	Soll	Haben

Aufgabe 3:

IBM (Verkäufer) verbucht die AR für die Lieferung an Rosenbauer (20035) am 7.4.
Am 15.4. ersieht IBM aus dem Kontoauszug die Zahlung von Rosenbauer abzüglich Skonto.

Stellen Sie die Buchungen für den Verkauf und den Zahlungseingang in Form von Buchungssätzen dar.

Kommentar zu Ü 39

ad Berechnung:

Bei Variante A ist bei der Verbuchung der Anschaffung der Skonto vom Nettorechnungsbetrag zu berücksichtigen, d.s. 3% von EUR 35.000,00.

Die Umsatzsteuer wird zunächst in der in der Rechnung ausgewiesenen Höhe am Konto 2500 verbucht. Eine Korrektur erfolgt erst bei der tatsächlichen Ausnutzung des Skontos (sowohl bei Variante A als auch bei Variante B).

Für die Berechnung des Überweisungsbetrages ist der Skonto natürlich vom Gesamtrechnungsbetrag abzuziehen.

ad Aufgabe 1 und 2:

Variante A: Bei dieser Variante wird der Skonto immer als Finanzierungsaufwand gesehen, sodass auf dem Anlagekonto nur der um den Skonto verminderte Anschaffungswert verbucht wird. D.h.: wird der Skonto nicht ausgenutzt, scheint auf dem Anlagekonto trotzdem der um den Skonto verminderte Wert auf. Der nicht ausgenutzte Skonto scheint als Finanzierungsaufwand am Konto 8350 auf und geht als solcher gewinnmindernd in die G+V-Rechnung ein.

Varante B: Bei dieser Variante wird der Skonto nur dann als Minderung der Anschaffungskosten gesehen, wenn er tatsächlich ausgenützt wird (vgl. Aufgabe 1). Wird der Skonto nicht ausgenutzt, steht am Bestandskonto der volle Rechnungspreis (ohne USt) – vgl. Aufgabe 2.

ad Aufgabe 3:

IBM bucht zunächst den Verkauf ohne Berücksichtigung des Skontos.
Der vom Käufer abgezogene Skonto stellt für den Verkäufer eine Erlösberichtigung dar und bedingt eine Korrektur der USt (Konten 4440 und 3500 im Soll).

Nach Lösungsvergleich ⟶ weiter mit Übung 40

Übung 40 – Zusammenfassendes Beispiel Wareneinkauf (mit Transportkosten, Retourwaren, Rabatt) mit Skonto

Wie Sie schon aus der Überschrift ersehen, bei diesem Beispiel sollen Sie nicht nur die Verbuchung eines nachträglich in Anspruch genommenen Skontos üben, sondern gleichzeitig den Wareneinkauf mit seinen möglichen zusätzlichen Buchungen wiederholen.

Beachten Sie:
Da die Verbuchung des Skontos in AMC I nicht prüfungsrelevant ist, haben wir die komplette Lösung einmal mit Berücksichtigung des Skontos und einmal ohne Ausnutzung des Skontos dargestellt. Sie können also kontrollieren, ob Ihre Lösung ohne Skonto der vorgegebenen entspricht. So haben Sie ein zusätzliches Übungsbeispiel gewonnen.

17.4.: Wir bestellen bei der Firma Friedrich Meier („FM-Küchen") 5 Küchen, Marke Landhaus, à EUR 6.000,00 ab Werk.

3.5.: Wir erhalten die Nachricht, dass die Küchen abgeholt werden können.

6.5.: Die Speditionsfirma Schenker & Co liefern uns diese Küchen.

Wir zahlen sofort an Transportkosten EUR 360,00 + 20 % USt bar.
Gleichzeitig erhalten wir die Rechnung über die 5 Küchen von der Firma Friedrich Meier (Kto.Nr. 33004):

5 Küchen, Marke Landhaus, à EUR 6.000,00	EUR	30.000,00
– 10 % Rabatt	EUR	3.000,00
	EUR	27.000,00
+ 20 % USt	EUR	5.400,00
	EUR	32.400,00

zahlbar innerhalb von 10 Tagen abzüglich 3 % Skonto oder 60 Tage Ziel.

8.5.: Bei der Qualitätskontrolle mussten wir feststellen, dass **eine Küche** an der Oberfläche Körnchen aufweist. Diese Küche geht **retour**. Die Firma FM lässt diese Küche abholen.
Bei **einer anderen Küche** sind die Fronten im Farbton nicht exakt. Wir einigen uns mit FM und erhalten für diese Küche einen zusätzlichen **Sonderrabatt von 20 %**.

15.5.: Wir überweisen den noch offenen Rechnungsbetrag abzüglich 3 % Skonto.

Hinweis:

Rechnungsausgleich für AMC I: Am 6.7. überweisen wir den offenen Rechnungsbetrag.

Aufgabe:

Stellen Sie alle Buchungen, die aus diesem Geschäftsfall resultieren, aus der **Sicht des Käufers** auf den vorgegebenen Konten dar. Die Einkäufe werden sofort **auf dem Verbrauchskonto** verbucht. FM hat die Personenkontonummer 33004. Die Konten sind zu nummerieren und zu benennen.
Führen Sie bei jeder Buchung das Datum sowie in der Textspalte die Nummer(n) des (der) Gegenkontos (-konten) an.

Beachten Sie:

In diesem Beispiel ist der Skonto beim Käufer nach **Variante C** zu verbuchen.

2700 Kassa

Dat.	Text	Soll	Haben
	AB	450,00	

2800 Bank

Dat.	Text	Soll	Haben
	AB	46.200,00	

Dat.	Text	Soll	Haben

Dat.	Text	Soll	Haben

Dat.	Text	Soll	Haben

Dat.	Text	Soll	Haben

Kommentar zu Ü 40

17.4. bzw. 3.5.: keine Buchung
6. bzw. 8.5.: diese Buchungen stellen eine Wiederholung dar. Dabei werden Sie sicher keine Schwierigkeiten haben.

15.5.: Zahlung abzüglich Skonto. Für diese Buchung wollen wir Ihnen Hilfestellung geben.

a) Berechnung:

	EUR	32.400,00 =	Rechnungsbetrag
−	EUR	7.776,00 =	Gutschrift (für Retourwaren und Sonderrabatt)
	EUR	24.624,00 =	noch offen, davon 3 % Skonto
−	EUR	738,72 =	3 % Skonto
	EUR	23.885,28 =	Überweisung vom Bankkonto

b) Buchung:

Wir überweisen den um den Skonto verminderten Betrag, d.s. EUR 23.885,28.

Durch die Überweisung haben wir zwar den noch zu zahlenden Betrag geleistet, am Lieferantenkonto ist jedoch noch ein Betrag offen (Höhe des Bruttoskontos).

Der Netto-Skonto stellt für uns einen
Ertrag dar ⟶ Konto 5880 Haben

Da wir weniger gezahlt haben, vermindert sich
unsere Forderung an das Finanzamt ⟶ Konto 2500 Haben

Da wir den Skonto zu Recht abgezogen haben,
ist die Verbindlichkeit komplett ausgeglichen
(Bruttoskonto) ⟶ Konto 33004 Soll

Im Falle des Ausnutzens des Zahlungsziels überweisen wir am 6.7. EUR 24.624,00 (den zu diesem Zeitpunkt noch offenen Restbetrag).

Nach Lösungsvergleich ⟶ weiter mit Übung 41

Übung 41 – Zusammenfassendes Beispiel Warenverkauf (Transportkosten, Retourwaren, Rabatt) mit Skonto

Beachten Sie:

Da die Verbuchung des Skontos in AMC I nicht prüfungsrelevant ist, haben wir die Lösung wieder mit Ausnutzung des Skontos bzw. mit Ausnutzung des Zahlungsziels dargestellt. Sie können also kontrollieren, ob Ihre Lösung ohne Skonto der vorgegebenen entspricht und haben so ein zusätzliches Übungsbeispiel.

5. 8.: Wir erhalten vom Kleiderhaus Chic (20005) die Bestellung über 50 Stück Damenmäntel „Winter", größen- und farbsortiert, à EUR 180,00, Lieferung frei Haus. Zahlbar innerhalb von 10 Tagen abzüglich 3 % Skonto oder 60 Tage Ziel.

20. 9.: Die Mäntel werden geliefert, die Rechnung übergeben:

50 Stück Damenmäntel „Winter" à EUR 180,00	EUR	9.000,00
− 10 % Mengenrabatt	EUR	900,00
	EUR	8.100,00
+ 20 % Ust	EUR	1.620,00
	EUR	9.720,00

25. 9.: Wir übersenden auf Grund berechtigter Reklamationen folgende Gutschrift an das Kleiderhaus:

5 Mäntel retour	EUR	810,00
20 % Rabatt auf 10 Mäntel	EUR	324,00
	EUR	1.134,00
+ 20 % USt	EUR	226,80
Gesamtgutschrift	EUR	1.360,80

30. 9.: Wir erhalten die Speditionsnota für die Zustellung bzw. Abholung der falsch gelieferten Mäntel: EUR 125,00 + 20 % Ust – wir überweisen sofort.

3.10.: Wir ersehen aus dem Kontoauszug die Überweisung von Chic. Das Kleiderhaus hat sich berechtigterweise vom offenen Restbetrag 3 % Skonto abgezogen.

Hinweis:
für AMC I: Der Kontoauszug vom 20. November zeigt die Überweisung des offenen Rechnungsbetrages.

Aufgabe:
Stellen Sie nun alle Buchungen aus der **Sicht des Verkäufers** dar.

20005 Kleiderhaus Chic

Dat.	Text	Soll	Haben

Dat.	Text	Soll	Haben

2800 Bank

Dat.	Text	Soll	Haben
	Div.	4.175,00	

Dat.	Text	Soll	Haben

Dat.	Text	Soll	Haben

Dat.	Text	Soll	Haben

Dat.	Text	Soll	Haben

Dat.	Text	Soll	Haben

Kommentar zu Ü 41:

Die Verbuchung von Warenverkauf, Retourwaren, Rabatt und Transportkosten beim Verkäufer müsste Ihnen schon in Fleisch und Blut übergegangen sein.
Beachten Sie bitte die Gutschrift:
- Retourwaren werden auf dem Erlöskonto gebucht (= Rückgängigmachung des Verkaufs),
- Rabatte stellen dagegen Erlösminderungen dar.

Auch der Skonto ist eine Erlösminderung.
Der Verkäufer bucht daher bei erhaltener Überweisung in zwei Schritten:

    2800 Bank (um Skonto verringert)   / 20005 Kleiderhaus Chic   EUR 8.108,42
    3500 USt   EUR 41,80   / 20005 Kleiderhaus Chic   EUR 250,78
    4440 Skontoaufwand (Kundenskonti) EUR 208,98   /

Im Falle des Ausnutzens des Zahlungsziels erhalten wir am 20.11. EUR 8.359,20 (den zu diesem Zeitpunkt noch offenen Restbetrag).

Nach Lösungsvergleich

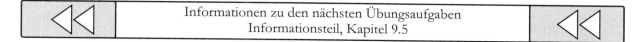

Informationen zu den nächsten Übungsaufgaben
Informationsteil, Kapitel 9.5

Übung 42 – Verzugszinsen

Der Teppichimporteur Irani hat gegen den Teppichhändler Ibrahim eine Forderung in der Höhe von EUR 36.600,00 (inkl. 20 % USt). Laut Geschäftsbedingungen ist Irani berechtigt, ab Fälligkeit 12 % Verzugszinsen pro Jahr zu berechnen. Ferner Mahnspesen in Höhe von EUR 20,00.
Ibrahim ist bereits 2 Monate im Zahlungsrückstand.

Erstellen Sie die Lastschrift. Verbuchen Sie die Lastschrift sowohl bei Irani als auch bei Ibrahim. Nach Erhalt der Lastschrift zahlt Ibrahim den Gesamtbetrag durch Banküberweisung.

Aufgabe 1:

Käufer (Schuldner, Ibrahim) bucht: (Lieferantenkonto Irani 33022)

Kontonummer, Kontobezeichnung	Soll	Haben

Aufgabe 2:

Verkäufer (Gläubiger, Irani) bucht: (Kundenkonto Ibrahim 20023)

Kontonummer, Kontobezeichnung	Soll	Haben

Kommentar zu Ü 42

Die Zinsen werden vom Bruttobetrag gerechnet. Sowohl die Zinsen als auch die Mahnspesen gelten als „Schadenersatz" und unterliegen daher selbst nicht der Umsatzsteuer.

Nach Lösungsvergleich ⟶ weiter mit Übung 43

Übung 43 – Zusammenfassendes Beispiel Wareneinkauf (mit Anzahlung, Retourwaren, Rabatt) und Verzugszinsen

27.4.: Wir bestellen bei der Firma Backhausen (33001)

500 Rollen Seidentapeten hellblau, lt. Vorlage à EUR 50,00	EUR	25.000,00
10 Teppiche lt. Vorlage à EUR 450,00	EUR	4.500,00
	EUR	29.500,00
+ 20 % USt	EUR	5.900,00
	EUR	35.400,00

Ausschnitt aus den Liefer- und Zahlungsbedingungen:
- Lieferung frei Haus ca 8 Wochen nach Bestelleingang
- Anzahlung in Höhe von EUR 10.000,00 + 20 % USt nach Bestelleingang
- Restzahlung prompt nach Übernahme der Ware. Bei Nichteinhaltung des Zahlungsziels werden 8 % p.a. Verzugszinsen ab Rechnungsdatum und EUR 15,00 pro Mahnung verrechnet.

Sowohl die Seidentapeten als auch die Teppiche verbuchen wir als Handelsware in Klasse 5.

3.5.: Wir überweisen die Anzahlung. Eine entsprechende Rechnung über die Anzahlung haben wir erhalten.

26.6.: Die Ware wird geliefert. Die Rechnung entspricht dem Kostenvoranschlag.

Bei der Qualitätskontrolle mussten wir feststellen, dass **ein Teppich Flecken aufweist. Dieser Teppich** geht **retour**.

Bei **allen Seidentapeten** ist der Farbton nicht exakt. Wir einigen uns mit Backhausen und erhalten auf die Seidentapeten einen **Sonderrabatt von 20 %**.

30.6.: Die Gutschrift über Retourware und Rabatt trifft bei uns ein.

14.8.: Wir erhalten die zweite Mahnung mit Frist bis 26.8. sowie der Verrechnung von Verzugszinsen für 2 Monate und EUR 30,00 an Mahnspesen.

26.8.: Wir überweisen den offenen Restbetrag einschließlich Verzugszinsen und Mahnspesen.

Aufgabe:

Stellen Sie alle Buchungen, die aus diesem Geschäftsfall resultieren, aus der **Sicht des Käufers** auf den vorgegebenen Konten dar. Die Konten sind zu nummerieren und zu benennen.

Führen Sie bei jeder Buchung das Datum sowie in der Textspalte die Nummer(n) des (der) Gegenkontos(-konten) an. Alle Berechnungen sind nachvollziehbar darzustellen.

2800 Bank

Dat.	Text	Soll	Haben
	AB	46.200,00	

33001 Backhausen

Dat.	Text	Soll	Haben

2500 Vorsteuer

Dat.	Text	Soll	Haben

Dat.	Text	Soll	Haben

Dat.	Text	Soll	Haben

Dat.	Text	Soll	Haben

Dat.	Text	Soll	Haben

Dat.	Text	Soll	Haben

Kommentar zu Ü 43

Unser Kommentar beschränkt sich auf die Berechnungen und gibt Hilfestellung bei der Verbuchung der Verzugszinsen und Mahnspesen.

ad 6.6.: Berechnung der Gutschrift für Retourware und Rabatt

1 Teppich retour netto	EUR	450,00
20 % Rabatt auf EUR 25.000,00	EUR	5.000,00
Gutschrift netto	EUR	5.450,00
+ 20 % USt	EUR	1.090,00
Gesamtgutschrift	EUR	6.540,00

ad 14.8.: Berechnung der Verzugszinsen

Rechnungsbetrag insgesamt	EUR	35.400,00
– Anzahlung	EUR	12.000,00
– Gutschrift	EUR	6.540,00
offener Rest (vgl. Konto 33001)	EUR	16.860,00

8 % Verzugszinsen von 16.860,00 = EUR 1.348,80 für 12 Monate / 6
 EUR 224,80 für 2 Monate

Belastung insgesamt:
Verzugszinsen	EUR	224,80
Mahnspesen	EUR	30,00
	EUR	254,80

Sowohl Verzugszinsen als auch Mahnspesen sind für den Käufer Aufwand. Der Gesamtbetrag erhöht seine Schuld. Sowohl Verzugszinsen als auch Mahnspesen gelten als Schadenersatz, sie unterliegen daher nicht der Umsatzsteuer.

Nach Lösungsvergleich

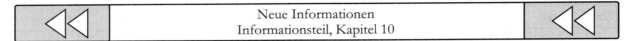

Neue Informationen
Informationsteil, Kapitel 10

Übungen zu 10 – Buchungen im Zusammenhang mit dem Bankkonto

Übung 44

Diese Aufgabe bezieht verschiedene Bewegungen auf dem Bankkonto ein.
Versuchen Sie diesen Kontoauszug als zusammengesetzten Buchungssatz (d.h. Buchung auf dem Bankkonto in Summe) unter Berücksichtigung der folgenden Tatbestände darzustellen:

(1) Bei der Gutschrift handelt es sich um Zinsen für Wertpapiere des Umlaufvermögens.

(2) Ein Wareneinkauf wurde mit der Firmenkreditkarte bezahlt. Der Wareneinkauf wurde bereits verbucht).

(3) Mit der Bankomat-Karte wurde Geld für die Geschäftskasse abgehoben und am 10.5. exakt am Kassakonto verbucht.

```
HYPO                                                    KONTOAUSZUG
Salzburg
                    Datum           Auszug/Blatt    Währung   Konto-Nr.
Firma   Firma Franz Steiner OHG    16.05.200.       045/01    EUR       1136-27707/00

Buchungstag  Buchungstext                                     Wert        Betrag
10.05.       GUTSCHRIFT                                       11.05.       50,00
11.05.       VISA 28.4.                                       10.05       894,00 –
11.05.       BANKOMAT-KARTE   2 FIL 194 UM 09.45 AM           10.05.      750,00 –

        ALT: 3.742,10-    KONTOSTAND Neu: Zu Ihren Lasten             5.336,10 –

        IBAN: AT94 55000 113627707  BIC SLHYAT2S
```

Dat.	Kontonummer, Kontobezeichnung	Soll	Haben

Kommentar zu Ü 44

ad (1) Hier handelt es sich um Zinserträge (Klasse 8) und um eine Gutschrift am Bankkonto.
ad (2) Da der Wareneinkauf bereits verbucht wurde, bedeutet dies, dass das Konto „Verbindlichkeiten gegen Kreditkartenunternehmen" auszugleichen ist.
ad (3) Auch hier wurde bereits die Barabhebung am Kassakonto verbucht. Gegenkonto des Kassakontos war am 10.5. das Konto „Verrechnung Kassa – Bank".

Nach Lösungsvergleich ———▶ weiter mit Übung 45

Übung 45

Geben Sie bitte den Buchungssatz für die Verbuchung folgender Abschlussrechnung an. Die Buchung auf dem Bankkonto soll in einem Betrag erfolgen.

Es handelt sich um das Geschäftsbankkonto der Einzelunternehmung Franz Steinberger.

Wiener Neustädter SPARKASSE — KONTOAUSZUG

Firma: Mag. F. Steinberger
Datum: 01.4.200.
Auszug/Blatt: 027/01
Währung: EUR
Konto-Nr.: 0136-34034/00

Buchungstag	Buchungstext	Wert	Betrag
01.04.	Sollzinsen	31.03.	14,72 –
01.04.	Habenzinsen	31.03.	35,20
01.04.	KEST	31.03.	8,80 –
01.04.	Kontoführungsprovision	31.03.	21,80 –

ALT: 4.768,05   KONTOSTAND Neu: Zu Ihren Gunsten   4.757,93

IBAN: AT582026701363403400 7   BIC: WNSPATK0

Kontonummer, Kontobezeichnung	Soll	Haben

Kommentar zu Ü 45

○ Sollzinsen stellen Zinsaufwand dar. Sie sehen am Kontoauszug ein Minus hinter dem Betrag. Das bedeutet, dass die Bank diesen Betrag von unserem Guthaben abzieht bzw. unsere Schulden um diesen Betrag größer werden (vgl. Kontoauszug).

○ Die Kontoführungsprovision ist ebenfalls Aufwand. Wir buchen sie über das Konto „7790 Spesen des Geldverkehrs". Die Kapitalertragsteuer wird bei Endbesteuerung im Soll des Zinsertragskontos (als Korrektur des ausgewiesenen Zinsertrages) verbucht.

o Den Betrag, der auf dem Bankkonto zu verbuchen ist, können Sie auf zwei Arten ermitteln:
  1. aus der Differenz zwischen Gutschriften und Belastungen

Summe Gutschriften:	EUR	35,20
Summe Belastungen:	EUR	45,32
Verminderung Kontostand um	EUR	10,12 = Buchung im Haben am Konto 2800

  2. aus der Differenz zwischen altem und neuen Kontostand

Kontostand alt:	EUR	4.768,05
Kontostand neu:	EUR	4.757,93
Verminderung Kontostand um	EUR	10,12 = Buchung im Haben am Konto 2800

     Beachten Sie bitte: bei den meisten Beispielen wird verlangt, die Bewegung am Bankkonto in einem Betrag anzugeben.

Nach Lösungsvergleich

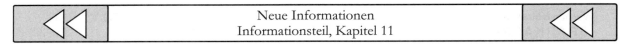

Neue Informationen
Informationsteil, Kapitel 11

Übung zu 11 – Die Verbuchung von Bankkrediten

Übung 46 – Kontokorrentkredit

(1) Die Sparkasse Eisenstadt sagt uns einen Kontokorrentkredit mit einem Kreditrahmen von EUR 50.000,00 zu.

(2) Wir überweisen von diesem Kontokorrentkreditkonto EUR 8.400,00 (inkl. 20 % USt) für eine fällige und verbuchte Eingangsrechnung (B 1 - 33002).

(3) Laut Bankauszug hat der Kunde Maier, 20001, eine Anzahlung von EUR 1.800,00 für seine Bestellung vom 8.3. auf unser KKK-Konto überwiesen (B 2).

(4) Wir kaufen Waren um EUR 6.000,00 + 20 % USt im Abholgroßmarkt und zahlen mit Bankomatkarte (ER 85).

(5) 2 Tage später erscheint am Bankauszug die Abbuchung dieser Zahlung (B 3).

(6) Der Kontoauszug (B 4) mit der Quartalsabrechnung der Sparkasse Eisenstadt trifft ein.
    Unser Konto wurde belastet mit:

Zinsen	EUR	1.125,00
Kreditprovision	EUR	60,00
Spesen	EUR	40,00
	EUR	1.225,00

(7) Ermitteln Sie bitte den Saldo des KKK-Kontos am Quartalsende:

Aufgabe:

Stellen Sie bitte das Kontokorrentkredit-Konto dar. Anstelle eines Datums geben Sie bitte die laufende Nummer des Geschäftsfalles an. In der Textspalte ist der Beleg und die Nummer des Gegenkontos anzuführen.

Beantworten Sie bitte die im Anschluss an die Kontendarstellung gestellte Frage.

Nummer	Text	Soll	Haben

Mit welchem Betrag können Sie auf Grund obigen Kontostandes das Kontokorrentkreditkonto noch belasten, ohne den Kreditrahmen zu überziehen?

EUR _____

Kommentar zu Ü 46

Alle Buchungen, die das Kontokorrentkreditkonto betreffen, sind Ihnen bekannt. Einzige Neuheit: zu buchen ist auf das Konto 3110.
In den Fällen (1) und (4) erfolgt keine Buchung auf dem Konto 3110.

Begründung:

ad (1): Die Höhe des Kreditrahmens wird lediglich vermerkt. Nur der tatsächlich ausgenützte Betrag des Kreditrahmens wird verzinst.

ad (4): Die Zahlung mit der Bankomatkarte bewirkt noch keine Buchung auf dem Bankkonto.

Nach Lösungsvergleich ⟶ weiter mit Übung 47

Übung 47

Geben Sie im vorgegebenen Raster die Buchungssätze für den nachfolgenden Kontoauszug der Firma Michaela Konsel, Büromaschinenhandel und -service, und seinen dazugehörenden Belegen an.

Beachten Sie bitte:

– Die Rechnungsbeträge enthalten, wenn aus dem Beleg nichts anderes hervorgeht, 20 % USt.
– Auf dem Bankkonto ist nur eine Soll- und eine Habenbuchung (Summe) auszuweisen.
– Bilden Sie zu Kontrollzwecken Soll- und Habensumme und kontrollieren Sie die Soll-Haben-Gleichheit.
– Konsel verbucht den von ihr ausgenützten Skonto nach Variante C.

Führen Sie bei jedem Buchungssatz (-teil) die entsprechende Nummer an. Wir haben zu diesem Zweck neben jede Zeile des Kontoauszugs eine fortlaufende Nummer vermerkt. Die dazugehörenden Belege bzw. Anmerkungen haben ebenfalls diese Nummer. Die Buchung der Soll- und Habensumme am Bankkonto erhält die Nummer 1.

Die Firma Konsel führt unter anderem folgende Personenkonten (Ausschnitt):

Kunden	Lieferanten
20024 Stadtgemeinde Tulln 20045 Erika Schwarz KG	33003 Compaq 33031 Triumpf Adler
20099 Diverse Kunden	33099 Diverse Lieferanten

ERSTE BANK Klosterneuburg BLZ 20111   **KONTOAUSZUG**

Michaela Konsel, Büromaschinen, 3400 Klosterneuburg

Auszug/Blatt 36/1   Konto-Nr. 0772976241

Buchungstext	Buchungstag	Wert	Betrag in EUR	
Czezelits K1 04.04. um 11.31	8.06.	7.06.	218,00 –	(2)
Kreditrate				
Zinsen € 412,60				
Kreditrückzahlung € 287,40	8.06.	7.06.	700,00 –	(3)
Gutschrift lt. Beilage	8.06.	9.06.	806,34	(4)
Gutschrift lt. Beilage	8.06.	9.06.	1.695,56	(5)
Überweisung	9.06.	8.06.	4.001,25 –	(6)
Gutschrift	9.06.	9.06.	750,00	(7)

Kontostand alt: 5.371,17
Kontostand neu: zu Ihren Gunsten 3.703,82

Gutschriften 3.251,90 (1)
Lastschriften 4.919,25

Belege: 3

Anmerkungen:

(1) Auf dem Bankkonto sind die Gutschriften und die Lastschriften jeweils in einem Betrag anzuführen.

(2) Die Rechnung der Firma Czezelits für das Firmen-PKW-Service wurde mit der Bankomatkarte bezahlt. Die Rechnung selbst wurde bereits verbucht. Der Kontoauszug zeigt die Abbuchung des Gesamtbetrages.

(3) Bei dem Kredit handelt es sich um ein Starthilfedarlehen für das Unternehmen.

(4) Abrechnung VISA

(5) Überweisung

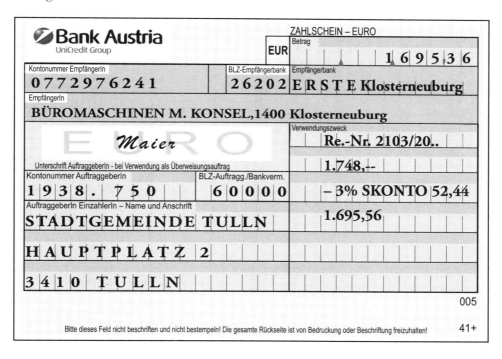

(6) Auftragsbestätigung

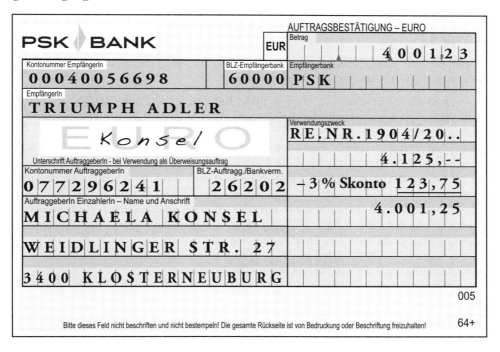

(7) Bei der Gutschrift handelt es sich um eine Privateinlage von Frau Konsel.

Lfd. Nr.	Kontonummer, Kontobezeichnung	Soll	Haben

Kommentar zu Ü 47

Bei diesem Beispiel dürften Sie eigentlich keine Probleme bei der Verbuchung haben. Wir wollen Ihnen daher nur Hilfestellungen bei der Analyse der Belege geben.

ad (3) Aus dem Kontoauszug ersehen Sie, dass sich die Belastung mit EUR 700,00 für das Darlehen aus zwei Teilbeträgen zusammensetzt: die Zinsen sind Aufwand, die Kreditrückzahlung vermindert die Darlehenhöhe.

ad (4) Frau Konsel hat Verkäufe mittels Kreditkarte in Höhe von EUR 847,00 getätigt und diese Verkäufe bereits verbucht. Als Gegenkonto für diese Erlöse diente das Konto „2785 Forderungen Kreditkarten". Dieser Belegausschnitt zeigt die dazugehörige Abrechnung der Kreditkartenorganisation → vgl. Kapitel 9.2.4.

ad (5) Die Stadtgemeinde Tulln hat eine bereits verbuchte Rechnung abzüglich Skonto überwiesen.

ad (6) Diese Überweisung hat Frau Konsel zum Ausgleich der Rechnung Nr. 1904/20.. an die Firma Triumpf Adler getätigt und dabei 3 % Skonto abgezogen!

Nach Lösungsvergleich ———▶ weiter mit Übung 48

Übung 48

Am 2.4. 2010 nehmen wir ein Hypothekardarlehen in Höhe von EUR 100.000,00, Laufzeit 10 Jahre, auf.

Der Auszahlungsbetrag (= Gutschrift auf unserem Bankkonto) ergibt sich auf Grund folgender Kreditkosten:

Darlehen	EUR	100.000,00
– 0,8 % Kreditprovision	EUR	800,00
– 1,5% Zuteilungsprovision	EUR	1.500,00
Auszahlungsbetrag	EUR	97.700,00

Einführung in die Buchhaltung im Selbststudium: Übungsteil

Aufgaben:

- Geben Sie im untenstehenden Raster den Buchungssatz bei Darlehensaufnahme (Gutschrift auf dem Bankkonto) an. Die Geldbeschaffungskosten sollen unternehmensrechtlich richtig verbucht werden.
- Geben Sie unterhalb des Rasters jenen Betrag an Geldbeschaffungskosten an, den Sie im Jahr 2008 steuerlich geltend machen dürfen.
- Geben Sie darunter jenen Betrag an Geldbeschaffungskosten an, den Sie im Jahr 2009 steuerlich geltend machen dürfen.

Dat.	Kontonummer, Kontobezeichnung	Soll	Haben

Steuerlich absetzbare Geldbeschaffungskosten für 2010: _____

Steuerlich absetzbare Geldbeschaffungskosten für 2011: _____

Kommentar zu Ü 48

Unternehmensrechtlich müssen Sie im Jahr der Darlehensaufnahme die vollen Geldbeschaffungskosten als Aufwand verbuchen.
Da die Geldbeschaffungskosten jedoch in Summe höher als EUR 900,00 sind, müssen sie steuerrechtlich über die Laufzeit des Darlehens aufgeteilt werden.
Bei EUR 2.300,00 sind dies EUR 230,00 pro Jahr. Im Jahr 2010 können EUR 172,50 (für 9 Monate) steuerlich angesetzt werden, im Jahr 2011 hingegen EUR 230,00. D.h. im Jahr 2010 ist der steuerrechtliche Gewinn um EUR 2.127,50 zu erhöhen (EUR 2.300,00 abzüglich EUR 172,50).

Nach Lösungsvergleich

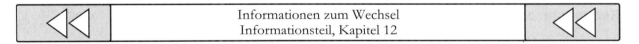
Informationen zum Wechsel
Informationsteil, Kapitel 12

Übungen zu 12 – Die Verbuchung von Wechseln

Übung 49

Berger & Co schulden der Firma Müller, 33001, EUR 20.000,00 (inkl. 20 % USt) aus einem Warengeschäft per 1.9.
Berger ersucht Müller am 20.8. die Schuld bis zum 1. Dezember zu prolongieren. Müller stimmt zu, verlangt jedoch die Umwandlung der Schuld in einen Wechsel und berechnet Zinsen für die Verlängerung des Zahlungsziels. Müller übersendet daher am 25.8. an Berger einen Wechsel über

	Rechnungsbetrag	EUR	20.000,00
+	Zinsen	EUR	450,00
	Wechselsumme	EUR	20.450,00

den Berger am 26.8. akzeptiert.

Aufgabe 1:
Geben Sie bitte den Buchungssatz für die Umwandlung der offenen Schuld in einen Schuldwechsel **aus der Sicht der Firma Berger** (Schuldner) an:

Kontonummer, Kontobezeichnung	Soll	Haben

Aufgabe 2:
Verbuchen Sie die Verlängerung und Umwandlung der Forderung in einen Besitzwechsel **aus der Sicht des Gläubigers, der Firma Müller**, in den unten vorgegebenen Konten. Die Konten sind unserem Kontenplan entsprechend zu nummerieren und zu benennen. Geben Sie bitte als Text die Nummer des Gegenkontos an. Der Kunde Berger & Co hat die Kundenkontonummer 20006.

20006 Berger & Co

Text	Soll	Haben
4000, 3500	20.000,00	

Text	Soll	Haben

Text	Soll	Haben

Text	Soll	Haben

Kommentar zu Ü 49

ad Aufgabe 1: Die Verbindlichkeit wird in einen Schuldwechsel umgewandelt. Die Zinsen sind für den Schuldner Aufwand.

ad Aufgabe 2: Die Forderung wird in einen Besitzwechsel umgewandelt. Die Zinsen sind für den Gläubiger Ertrag.

Nach Lösungsvergleich ———▶ weiter mit Übung 50

Übung 50 – Zusammenfassendes Beispiel Warenverkauf (mit Transportkosten, sofort und nachträglich gewährtem Rabatt), Verzugszinsen – Umwandlung der offenen Forderung in einen Wechsel

27.4.: Wir lassen durch unsere Spedition die bestellten Waren an unseren Kunden Reiter (20102) zustellen.

Rechnungsausschnitt:

200 Wäschegarnituren Mondlicht à EUR 40,00	EUR 8.000,00	
− 10 % Mengenrabatt	EUR 800,00	
	EUR 7.200,00	
+ 20 % USt	EUR 1.440,00	
	EUR 8.640,00	

frei Haus, 30 Tage Ziel ab Rechnungsdatum.

5.5.: Für die Zustellung erhalten wir von der Spedition die Rechnung über EUR 144,00 inkl. 20 % USt, die wir sofort überweisen.

6.5.: Auf Grund der berechtigten Reklamation von Reiter gewähren wir auf 100 Wäschegarnituren auf den rabattierten Betrag einen weiteren Rabatt von 20 % und übersenden die entsprechende Gutschrift.

10.5.: Wir erhalten von Reiter ein Ansuchen um Verlängerung des Zahlungsziels um zwei Monate und stimmen unter folgenden Bedingungen zu:
- Verrechnung von Verzugszinsen in Höhe von 10 % p.a. für den noch offen Betrag für 2 Monate
- Umwandlung der offenen Forderung in einen Wechsel.

Wir übersenden an Reiter die entsprechende Belastungsanzeige und den Wechsel zum Akzept.

14.5.: Der akzeptierte Wechsel trifft bei uns ein.

Aufgabe:

Stellen Sie nun alle Buchungen aus der **Sicht des Verkäufers** dar. Die Berechnungen sind nachvollziehbar und übersichtlich anzugeben.

20102 Reiter

Dat.	Text	Soll	Haben	Dat.	Text	Soll	Haben

2800 Bank

Dat.	Text	Soll	Haben	Dat.	Text	Soll	Haben
	Div.	4.175,00					

Dat.	Text	Soll	Haben	Dat.	Text	Soll	Haben

Dat.	Text	Soll	Haben

Dat.	Text	Soll	Haben

Dat.	Text	Soll	Haben

Dat.	Text	Soll	Haben

Kommentar zu Ü 50:

Unser Kommentar beschränkt sich auf die Berechnungen.

ad 6.5.: Berechnung des nachträglichen Rabattes

100 Wäschegarnituren kosten netto EUR 3.600,00 (der sofort gewährte Rabatt vermindert die Rabattbasis für den zusätzlich gewährten Rabatt)

20 % von 3.600,00	EUR	720,00
+ 20 % USt	EUR	144,00
Gesamtrabatt	EUR	864,00

ad 10.5.: Berechnung der Verzugszinsen und des Wechselbetrages

Offener Rechnungsbetrag (vgl. Konto 20102) EUR 7.776,00 → davon 10 % p.a. Verzugszinsen
    Verzugszinsen für 12 Monate EUR 777,60
    Verzugszinsen für 2 Monate daher EUR 129,60 (ein Sechstel)

Offener Rechnungsbetrag	EUR	7.776,00
+ Verzugszinsen	EUR	129,60
Wechselbetrag	EUR	7.905,60

Nach Lösungsvergleich

Neue Informationen
Informationsteil, Kapitel 12.3

Übung 51

Wir legen am Fälligkeitstag einen in unserem Besitz befindlichen Wechsel über EUR 3.712,00 dem Bezogenen zur Zahlung vor. Der Bezogene zahlt sofort bar.

Aufgaben:

Geben Sie bitte den Buchungssatz für die Verbuchung dieses Tatbestandes aus der Sicht des Begünstigten und aus der Sicht des Bezogenen an.

Der Begünstigte bucht:

Der Bezogene bucht:

Kommentar zu Ü 51

Sie wissen: Wechsel sind für den Begünstigten Besitzwechsel, für den Bezogenen Schuldwechsel.

Nach Lösungsvergleich ⟶ weiter mit Übung 52

Übung 52

Wir reichen den in unserem Besitz befindlichen Wechsel am 10.8. zum Diskont ein und erhalten folgende Abrechnung:

Diskont am 10.8.20..

Wechsel per 30.9.20..	EUR	20.000,00
– 6 % Diskontzinsen für 54 Tg	EUR	180,00
– 0,5 % Inkassoprovision	EUR	100,00
Gutschrift per 11.8.20..	EUR	19.720,00

Aufgaben:

(1) Erstellen Sie bitte den Buchungssatz für diese Diskontierung. Der Diskonterlös wird unserem Bankkonto gutgeschrieben.

(2) Nehmen Sie an, wir erteilen erst bei Fälligkeit unserer Bank den Auftrag zum Inkasso dieses Wechsels. Die Bank schreibt daher am 2.10. EUR 19.900,00 unserem Bankkonto gut. Erstellen Sie im Raster den entsprechenden Buchungssatz.

Zusatzaufgabe: Geben Sie unterhalb des Rasters jene Buchung an, die der Bezogene bei Einlösung durchzuführen hat. Gehen Sie davon aus, dass der Bezogene seine Bank als Zahlstelle angegeben hat, d.h. dass das Bankkonto des Bezogenen belastet wird.

Dat.	Kontonummer, Kontobezeichnung	Soll	Haben

Der Bezogene bucht:

Kommentar zu Ü 52

(1) – Der Besitzwechsel wird an die Bank weitergegeben, daher Konto 2050 Haben.
 – Die Bank schreibt den Diskonterlös gut, daher Konto 2800 Soll.
 – Die Diskontzinsen (Konto 8310) und die Inkassoprovision (Konto 7790) sind getrennt als Aufwand (Verringerung des Diskonterlöses) zu buchen.

(2) Diese Buchung sollte keine Probleme machen.

Nach Lösungsvergleich

Neue Informationen
Informationsteil, Kapitel 13

Übungen zu 13 – Auslandsgeschäfte

Übung 53 – Währungsumrechnungen

Überlegen Sie in den folgenden Fällen, welcher Kurs und welche Rechenoperation jeweils anzuwenden sind und ermitteln Sie den gewünschten Betrag in der geforderten Währung. Verwenden Sie die Kurse vom 9.7.2010 (vgl. Informationsteil, Seite 165)

Fall	Devisenkurs		Valutenkurs		konkret gewählter Kurs	Rechen-operation		Ergebnis
	(An)kauf	Verkauf	(An)kauf	Verkauf		x	:	
a) Von der Geschäftsreise nach Japan sind noch JPY 86.400,- geblieben, die in € bar umgewechselt werden			X		115,55		X	747,73
b) Wir erhalten von unserem dänischen Lieferanten die Rechnung über Pasteten in Höhe von DKK 24.600,-, 30 Tage Ziel		X			7,4250		X	3313,13
c) Wir überweisen an unseren norwegischen Lieferanten den offenen Rechnungsbetrag in Höhe von NOK 43.200,-		X			8,0260		X	5382,51
d) Für eine Geschäftsreise in die Schweiz wechseln wir € 200,00 bar in Schweizer Franken				X	1,3130	X		CHF 262,60
e) Wir liefern nach London Sachertorten im Wert von GBP 1.450,-, 30 Tage Ziel	X				0,8363		X	1.733,83
f) Wir erhalten die Gutschrift am Bankkonto. Unser amerikanischer Kunde hat die offene Forderung in Höhe von USD 12.500,- überwiesen.	X				1,2735		X	9815,47

Kommentar zu Ü 53

Stellen Sie bei Währungsumrechnungen immer folgende Überlegungen an:
- Bar- oder Buchgeld?
  Nur bei Bargeld wird der Valutenkurs angewendet (hier in den Fällen a) und e)).
- Kauft oder verkauft die Bank die Fremdwährung?
  Der Kaufkurs ist immer dann anzuwenden, wenn uns die Bank Fremdwährungen abkauft (hier in den Fällen a) e) und f))
- Multiplikation oder Division?
  Der Euro notiert indirekt, der Kurs gibt den Wert für einen Euro an.
  Werden daher Fremdwährungen in Euro umgerechnet, ist eine Division erforderlich (bei allen Fällen mit Ausnahme von d)).

Einführung in die Buchhaltung im Selbststudium: Übungsteil

Nach Lösungsvergleich

Informationen zu den nächsten Übungsaufgaben
Informationsteil, Kapitel 13.3

Übung 54 - Arten der Auslandsgeschäfte und der anfallenden USt

Beispiel 1

Kreuzen Sie bitte in den folgenden Fällen an, um welche Art des Auslandsgeschäftes (immer aus österreichischer Sicht) es sich jeweils handelt.

Nr.	Fall	ig. Erwerb	Import	Leistungsbezug Ausland	ig. Lieferung	Export	Leistungserstellung Ausland
1	Die österreichische Studentin Gabi lässt sich in Ungarn beim Frisör die Haare färben.						
2	Der österreichische Tischler Herbert kauft in Weißrussland Holzbretter.						
3	Herbert verkauft einen Teil der Holzbretter an eine italienische Firma weiter.						
4	Seine fertigen Tische hat er auch schon mehrmals erfolgreich nach Norwegen exportiert.						
5	Der österreichische EDV-Berater Valetta übernimmt Programmierungsarbeiten im Zusammenhang mit der Kundendatei einer polnischen Telekomfirma in Warschau.						
6	Malermeisterin Inge kauft ihre Pinseln am liebsten in Slowenien ein.						

Beispiel 2

Die Umsatzsteuerregeln im Zusammenhang mit Auslandsgeschäften sind komplex und von der Art des zugrundeliegenden Geschäfts abhängig. Geben Sie nun bitte immer aus österreichischer Sicht an, welche Art der Umsatzsteuer (USt, EUSt, Erwerbsteuer oder keine) anfällt und in welchem Land diese jeweils entrichtet wird.

Nr.	Fall	Art der USt	Land für USt
1	Die österreichische Studentin Gabi lässt sich in Ungarn beim Frisör die Haare färben.		
2	Der österreichische Tischler Herbert kauft von einem Unternehmen in Weißrussland Holzbretter.		
3	Herbert verkauft einen Teil der Holzbretter an eine italienische Firma weiter.		
4	Seine fertigen Tische hat er auch schon mehrmals erfolgreich nach Norwegen exportiert.		
5	Der österreichische EDV-Berater Valetta übernimmt Programmierungsarbeiten im Zusammenhang mit der Kundendatei einer polnischen Telekomfirma in Warschau.		
6	Malermeisterin Inge kauft ihre Pinseln am liebsten in Slowenien ein.		

Kommentar zu Ü 54

Fall 1

Es handelt sich um ein B2C-Geschäft innerhalb der EU. Für die USt gilt hier das Unternehmerortprinzip, d.h. die Umsatzsteuer wird in Ungarn fällig und ist von Gabi in der Höhe des ungarischen USt-Satzes zu bezahlen.

Nähere Info ——————▶ Leistungsbeziehungen mit dem Ausland - B2C

Fall 2

Da es sich um einen Import aus dem Drittlandgebiet handelt, ist von diesem Einfuhrumsatzsteuer zu entrichten. Das weißrussische Unternehmen liefert umsatzsteuerbefreit, beim Grenzübertritt der Ware fällt jedoch EUSt an.

Nähere Info ——————▶ Importe aus Drittländern

Fall 3

Innergemeinschaftliche Lieferungen sind von der USt befreit. Herbert muss eine Rechnung ohne USt ausstellen und zusätzlich die UID des italienischen Käufers vermerken. Außerdem muss er diese ig. Lieferung in der Zusammenfassenden Meldung (ZM) erfassen.

Nähere Info ——————▶ Innergemeinschaftliche Lieferungen

Fall 4

Da Norwegen kein EU-Land ist, handelt es sich hierbei um einen Export. Exporte sind echt steuerbefreit, deshalb muss Herbert keine USt abführen, darf sich aber trotzdem die VSt zurückholen.

Nähere Info ——————▶ Export in Drittländer

Fall 5

Hierbei handelt es sich um ein B2B-Leistungsgeschäft. Es gilt die B2B-Generalregel, d.h. der Sitz des Leistungsempfängers gilt als Leistungsort für die USt. Der Sitz des Leistungsempfängers ist Polen und somit kommt polnische USt zu tragen. Allerdings nicht für Valetta, denn durch den Übergang der Steuerschuld (Reverse Charge) von Valetta auf die polnische Telekomfirma muss sich diese darum kümmern. Valetta muss lediglich darauf achten, dass er eine Rechnung ohne USt ausstellt und den Übergang der Steuerschuld darauf vermerkt sowie diese Leistung in seine ZM aufnimmt.

Nähere Info ——————▶ Leistungen von österreichischen Unternehmen an Unternehmer der EU

Fall 6

Es handelt sich um einen innergemeinschaftlichen Erwerb der Pinsel und dieser unterliegt der Erwerbsteuer. Inge muss die Höhe der Erwerbsteuer selbst ermitteln und in ihre UVA aufnehmen. Ist Inge vorsteuerabzugsberechtigt, so kann sie sich die verrechnete Erwerbsteuer sofort wieder vom Finanzamt zurückholen ——▶ Nullbesteuerung.

Nähere Info ——————▶ Innergemeinschaftlicher Erwerb

Nach Lösungsvergleich

 Informationen zu den nächsten Übungsaufgaben
Informationsteil, Kapitel 13.4

Verbuchung von Geschäftsfällen in Fremdwährungen

Übung 55 – Export

Verbuchen Sie bitte folgenden Export zu **Tageskursen** auf den untenstehenden Konten.

9.7.: Verkauf von Aggregaten nach Norwegen an S.Berg, Bergen (21504) um NOK 600.000,00, zahlbar in zwei gleich hohen Raten am 9.9. und 9.11.
Kurse: Valutenkurse 7,9150/ 8,2150
Devisenkurse 8,0260/ 8,0980

9.9.: Wir erhalten die Abrechnung der Bank über die Gutschrift der ersten Rate (NOK 300.000,00), umgerechnet zum Kurs von 8,0345.
An Spesen belastet die Bank unser Konto mit EUR 93,98.

10.11.: Die 2. Rate wurde auf unser Bankkonto überwiesen. Gutgeschrieben wurden EUR 36.992,97.
An Spesen wurden wir mit EUR 93,97 belastet.

2800 Bank

Dat.	Text	Soll	Haben

Dat.	Text	Soll	Haben

Dat.	Text	Soll	Haben

Dat.	Text	Soll	Haben

Dat.	Text	Soll	Haben

Dat.	Text	Soll	Haben

Kommentar zu Ü 55

ad 9.7.: Fremdwährungsforderungen sind zum Devisenankaufskurs umzurechnen.

ad 9.9.: Der Kurs ist gegenüber dem EUR gesunken. Wir erhalten für diesen Teilbetrag daher mehr und erzielen dadurch einen Kursgewinn.
Die Bankspesen weisen wir auf dem Konto 7790 aus.

ad 10.11.: Der Kurs ist gestiegen. Der Betrag, den wir gutgeschrieben erhalten, ist niedriger als der Betrag, zu dem wir die Forderung eingebucht hatten. In diesem Fall ergibt sich ein Kursverlust.

Nach Lösungsvergleich ⟶ weiter mit Übung 56

Übung 56 – Import

Die Firma Meinl importiert Kaffee aus Brasilien von der Compagnie de Brasil (33720). Warenzukäufe werden sofort als Aufwand verbucht.

- 17.4.: Die Faktura lautet auf USD 10.500,00 frei Hamburger Hafen, 2 Monate Ziel.
- 23.4.: Für den Transport bis zum Lager in Wien werden EUR 245,00 überwiesen.
  Die Verzollung erfolgt in Wien. Es werden folgende Eingangsabgaben in Rechnung gestellt:
  Zoll   EUR   875,00
  EUSt   EUR 1.944,00
- 15.5.: Die Eingangsabgaben werden überwiesen.
- 17.6.: Meinl überweist den offenen Fakturenbetrag. Die Bank rechnet die USD zu 1,2391 um. An Bankspesen werden EUR 34,11 in Rechnung gestellt.

Zusatzinformationen:

Kurse für USD am 17.4.:   Ankauf / Verkauf
  Valuten   1,2660 / 1,2300
  Devisen   1,2531 / 1,2471

Aufgaben:

Verbuchen Sie den Import, die Zahlung der Frachtkosten und Einfuhrabgaben sowie die Überweisung des Rechnungsbetrages einschließlich der Bankspesen auf dem Personenkonto bzw. auf den Hauptbuchkonten.

2800 Bank

Dat.	Text	Soll	Haben
	Div.	20.500,00	

Dat.	Text	Soll	Haben

Dat.	Text	Soll	Haben

Dat.	Text	Soll	Haben

Dat.	Text	Soll	Haben

Dat.	Text	Soll	Haben

Zusatzaufgabe:

Wie wäre zu buchen gewesen, hätte der Spediteur die ESt dem Finanzamt nur gemeldet? Geben Sie hier den erforderlichen Buchungssatz an.

Kommentar zu Ü 56

17.4.: Die Umrechnungen erfolgen zum Devisenverkaufskurs (Meinl muss Fremdwährungen kaufen).

23.4.: Die Frachtkosten sind auf dem Konto Rohstoff-Verbrauch zu verbuchen. Frachtkosten beim Einkauf gehören immer auf jenes Konto gebucht, auf dem der Einkauf verbucht wurde!

15.5.: Die bezahlte EUSt stellt eine Forderung an das Finanzamt dar. Der Zoll erhöht dagegen den Einstandswert der Ware (Konto HW-Verbrauch).

17.6.: Da der Kurs leicht gesunken ist, bedeutet dies für Meinl, er muss einen höheren Betrag überweisen als am Personenkonto als Verbindlichkeit ausgewiesen ist. Meinl bucht die Differenz nach der Praktikermethode als Kursverlust (er könnte den Kursverlust auch auf dem Konto Rohstoffverbrauch verbuchen, was eine Erhöhung des Einstandspreises bedeuten würde).

Die Bankspesen stellen „Spesen des Geldverkehrs" dar.

Lösung zur Zusatzfrage:

2516 Einfuhrumsatzsteuer (EUSt) geschuldet / 3516 Verrechnung EUSt geschuldet

Nach Lösungsvergleich ⟶ weiter mit Übung 57

Übung 57 – innergemeinschaftlicher Erwerb – WWU-Land

o Die Linzer Firma Rosenbauer (Erbauer von Feuerwehrautos) erhält am 31.5. die Rechnung über den Kauf diverser Ausrüstungsgegenstände für Feuerwehrautos von der niederländischen Firma Stell & Son (33611) frei Werk Linz im Wert von EUR 15.000,00, mit 30 Tagen Ziel. Die Ausrüstungsgegenstände werden sofort auf dem Konto „5200 Verbrauch bezogener Teile" verbucht.

o Die Ausrüstungsgegenstände unterliegen dem Normalsteuersatz.

o Am 30.6. überweist Rosenbauer den offenen Rechnungsbetrag.
   Bei dieser Überweisung fallen keine zusätzlichen Spesen an.

Aufgaben:

Verbuchen Sie den innergemeinschaftlichen Erwerb.

Ermitteln und verbuchen Sie die Erwerbsteuer.

Stellen Sie die Überweisung auf dem Personenkonto bzw. auf den Hauptbuchkonten dar.

2800 Bank

Dat.	Text	Soll	Haben
	Div.	170.000,00	

Dat.	Text	Soll	Haben

Dat.	Text	Soll	Haben

Dat.	Text	Soll	Haben

Dat.	Text	Soll	Haben		Dat.	Text	Soll	Haben

Berechnung der Erwerbsteuer:

Kommentar zu Ü 57

Die Erwerbsteuer ist selbst zu berechnen. Bemessungsgrundlage ist der Fakturenbetrag. Die Erwerbsteuer kann von Unternehmen, die vorsteuerabzugsberechtigt sind, sofort als Forderung gegenüber dem Finanzamt geltend gemacht werden.

Nach Lösungsvergleich ⟶ weiter mit Übung 58

Übung 58 – innergemeinschaftlicher Erwerb – Nicht-WWU-Land

25.9.: Der Gastronom Roisky importiert aus Dänemark von Danish Club (33712) Pasteten im Wert von DKK 105.300,00, 60 Tage Ziel. Die Pasteten werden sofort als Rohstoffverbrauch verbucht.

25.9.: Ermittlung und Verbuchung der Erwerbsteuer (10 % da Lebensmittel).

25.11.: Roisky überweist den Rechnungsbetrag. Die Bank belastet das Konto zusätzlich mit Spesen in Höhe von EUR 42,16.

Zusatzinformationen:

Kurse für DKK	Valuten	Devisen
am 25. 9.:	7,5290 / 7,2850	7,4710 / 7,4160
am 25.11.:	7,5690 / 7,3250	7,4920 / 7,4360

Aufgaben:
Verbuchen Sie den innergemeinschaftlichen Erwerb.
Ermitteln und verbuchen Sie die Erwerbsteuer.
Stellen Sie die Überweisung einschließlich der Bankspesen auf dem Personenkonto bzw. auf den Hauptbuchkonten dar.

2800 Bank

Dat.	Text	Soll	Haben		Dat.	Text	Soll	Haben
	Div.	75.400,00						

Dat.	Text	Soll	Haben		Dat.	Text	Soll	Haben

Dat.	Text	Soll	Haben

Dat.	Text	Soll	Haben

Dat.	Text	Soll	Haben

Dat.	Text	Soll	Haben

Berechnung der Erwerbsteuer:

Kommentar zu Ü 58

Die Erwerbsteuer ist selbst zu berechnen. Bemessungsgrundlage ist der Fakturenbetrag. Diesmal muss die Umrechnung des Fakturenbetrages mit dem Verkaufskurs erfolgen. Die Erwerbsteuer kann von Unternehmen, die vorsteuerabzugsberechtigt sind, sofort als Forderung gegenüber dem Finanzamt geltend gemacht werden.

Nach Lösungsvergleich ⟶ weiter mit Übung 59

Übung 59 – innergemeinschaftliche Lieferung – Nicht-WWU-Land

Die Firma Swarovski liefert am 1.7. diverse Kristallfiguren an S.Thomson, Stockholm (21538) im Wert von SEK 28.700,00 mit 30 Tagen Ziel. Swarovski rechnet die Lieferung zum Kurs von 9,2750 um.

Am 30.8. zeigt der Kontoauszug die Gutschrift von EUR 3.106,23 (Überweisung von S. Thomson, umgerechnet zum Kurs von 9,2395). Gleichzeitig wird das Bankkonto mit EUR 25,00 belastet.

Dat.	Text	Soll	Haben

Dat.	Text	Soll	Haben

Dat.	Text	Soll	Haben

Dat.	Text	Soll	Haben

Dat.	Text	Soll	Haben

Dat.	Text	Soll	Haben

Nebenrechnungen:

Nach Lösungsvergleich ⟶ weiter mit Übung 60

Übung 60 – empfangene Leistung

Die britische Maschinenfabrik Comair (33702) hat die von ihr gelieferte Maschine gewartet und dafür am 11.06. GBP 1.260,00 in Rechnung gestellt, 30 Tage Ziel

Am 09.07. überweisen wir den offenen Rechnungsbetrag. Die Bank verrechnet € 15,00 an Spesen.

Kurse	Devisen	Valuten
11.06	0,8238 / 0,8296	0,8135 / 0,8355
09.07	0,8305 / 0,8363	0,8205 / 0,8425

Stellen Sie alle erforderlichen Buchungen im Zusammenhang mit dieser Wartung und dem Rechnungsausgleich in Form von Buchungssätzen im untenstehenden Raster dar.

Dat.	Kontonummer, Kontobezeichnung	Soll	Haben

Nach Lösungsvergleich

Informationen zu den nächsten Übungsaufgaben
Informationsteil, Kapitel 14

Übungen zu 14 – Die Verbuchung von Löhnen und Gehältern

Übung 61

Geben Sie für die nachfolgende Lohnabrechnung die **Buchungssätze** für den Auszahlungsbetrag und die lohnabhängigen Abgaben an.

Bruttolöhne (Überweisung)	EUR	10.000,00
Arbeitnehmeranteil zur Sozialversicherung	EUR	1.820,00
Arbeitgeberanteil zur Sozialversicherung	EUR	2.420,00
Lohnsteuer	EUR	1.165,46
Betriebliche Mitarbeitervorsorge	EUR	113,37
Familienbeihilfenausgleichsfondsbeitrag	EUR	450,00
DZ zum DB	EUR	40,00
Kommunalsteuer	EUR	300,00

Kontonummer, Kontobezeichnung	Soll	Haben

Kommentar zu Ü 61

Ermittlung des Auszahlungsbetrages:	Bruttolöhne	EUR	10.000,00
	– LSt	EUR	1.165,46
	– ANA-SV	EUR	1.820,00
		EUR	7.014,54

Nach Lösungsvergleich ⟶ weiter mit Übung 62

Übung 62

Stellen Sie die Gehaltsabrechnung auf Grund der folgenden Belege als Buchungssätze im vorgegebenen Raster dar. Die Gehälter werden zunächst als Verbindlichkeit gegen Angestellte ausgewiesen. Geben Sie ferner den Buchungssatz für die Überweisung der Verbindlichkeit gegenüber dem Finanzamt an.

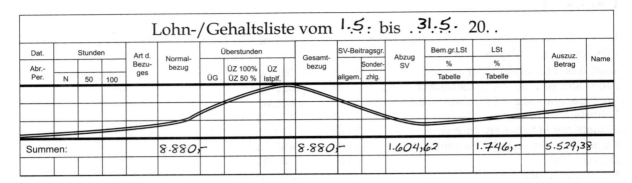

Lohn-/Gehaltsliste vom 1.5. bis 31.5. 20..

Summen: 8.880,— | 8.880,— | 1.604,62 | 1.746,— | 5.529,38

GEHALTSNEBENKOSTEN MAI 20..

	BMGL	SATZ	BETRAG
D1	8.880,00	37,85 %	3.361,08
KU	8.880,00	0,50 %	44,40
WF	8.880,00	1,00 %	88,80
IE	8.880,00	0,55 %	48,84
GESAMT			3.543,12
DNA-SV			1.604,62
DGA-SV			1.938,50
BMV	8.880,00	1,53 %	135,86
DB	8.880,00	4,50 %	399,60
DZ	8.880,00	0,40%	35,52
KommSt	8.880,00	3,00 %	266,40

Kontonummer, Kontobezeichnung	Soll	Haben

Nach Lösungsvergleich

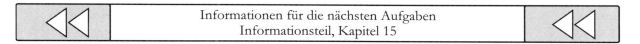

Informationen für die nächsten Aufgaben
Informationsteil, Kapitel 15

Übungen zu 15 – Reisekostenvergütung

Übung 63

Der Direktor der Firma Slama, Herr Kurt Bauer, macht vom 25. – 26.2.20.. eine Dienstreise nach Salzburg.

Reisebeginn: 25.2. 7.00 Uhr
Reiseende: 26.2. 22.00 Uhr

Fahrtkosten:
Bahnfahrt 1. Klasse Wien – Salzburg – Wien   EUR   104,50 inkl. 10 % USt
2 Taxirechnungen in Wien (vgl. Belege)   EUR   23,00 inkl. 10 % USt

Die Verpflegung wird nach den Pauschalsätzen vergütet.

Die Nächtigung wird auf Grund der tatsächlichen Auslagen (siehe Beleg) vergütet. Ferner werden die Telefonspesen ersetzt.

Herr Direktor Bauer erhält seine Reisekosten am 28.2. bar ausbezahlt.

Aufgaben:

- Ermitteln Sie in übersichtlicher Form den Gesamtbetrag der Reisekostenvergütung sowie der möglichen abziehbaren Vorsteuer. Sollte nur die Verbuchung einer vorgegebenen Reisekostenabrechnung Ihr Ziel sein, gehen Sie zunächst in den Lösungsteil – dort finden Sie die komplette Reisekostenabrechnung. Leiten Sie daraus die erforderlichen Buchungen ab.
- Geben Sie anschließend im vorgegebenen Raster den Buchungssatz für die Vergütung dieser Dienstreise an.

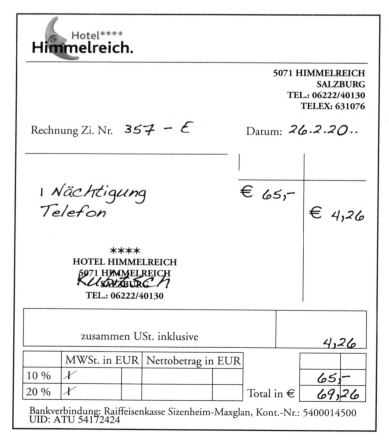

Einführung in die Buchhaltung im Selbststudium: Übungsteil   Ü 64

Berechnung:

Kontonummer, Kontobezeichnung	Soll	Haben

Kommentar zu Ü 63

ad Berechnung:
Bei den einzelnen Belegen ist Ihnen das Herausrechnen der USt sicher nicht schwer gefallen (a.h.!).

ad Verbuchung:
Hier werden Sie sicher keine Schwierigkeiten gehabt haben.

Nach Lösungsvergleich ⟶ weiter mit Übung 64

Übung 64

Herr Hörl fährt mit seinem Privat-PKW im Auftrag seines Unternehmens zu Großkunden in die Steiermark und nach Kärnten.

Beginn der Dienstreise: 3.9., 8 Uhr
Ende der Dienstreise: 5.9., 17 Uhr 20

Lt. Fahrtenbuch hat Herr Hörl 847 km zurückgelegt. Ferner legt Herr Hörl der Reisekostenabrechnung einen Mautbeleg und einen Beleg für die Garage in Graz vor. In Summe EUR 22,80 inkl. 20 % USt. Die Reisekostenabrechnung soll in allen Punkten den gesetzlichen Bestimmungen entsprechen.

Für die Nacht vom 3. auf den 4. September wird eine Hotelrechnung über EUR 63,00 beigelegt, für die zweite Nacht kann Herr Hörl keinen Beleg vorweisen.

Herr Hörl erhält lt. Dienstvertrag ein Taggeld von EUR 33,00 für volle 24 Stunden. Alle anderen Regelungen im Dienstvertrag entsprechen dem EStG.

Herr Hörl erhält den Auszahlungsbetrag auf sein Konto überwiesen.

Ü 64

Aufgaben:

- Ermitteln Sie in übersichtlicher Form den Gesamtbetrag der Reisekostenvergütung sowie der möglichen abziehbaren Vorsteuer. Das km-Geld wird mit 0,42/km verrechnet. Sollte nur die Verbuchung einer vorgegebenen Reisekostenabrechnung Ihr Ziel sein, gehen Sie zunächst in den Lösungsteil – dort finden Sie die komplette Reisekostenabrechnung. Leiten Sie daraus die erforderlichen Buchungen ab.
- Geben Sie anschließend im vorgegebenen Raster den Buchungssatz für die Vergütung dieser Dienstreise an.

Berechnung:

Kontonummer, Kontobezeichnung	Soll	Haben

Kommentar zu Ü 64

ad Maut- und Garagenbelege:

Diese Kosten sind durch das Km-Geld abgedeckt und daher nicht extra zu berücksichtigen.

ad Tagesgeld:

Beachten Sie: Herr Hörl erhält zwar ein höheres Tagesgeld, die Vorsteuer darf jedoch nur aus den EStG-Sätzen herausgerechnet werden. Die Differenz zwischen dem Auszahlungsbetrag und dem EStG-Satz ist für Herrn Hörl lohnsteuer- und sozialversicherungspflichtig.

Nach Lösungsvergleich ⟶ weiter mit Übung 65

Übung 65

Herr Direktor Berger von der Firma Ostbau geht mit dem Vertreter der russischen Handelskammer und dem Bürgermeister von Tiflis (Georgien) in Wien Essen. Die beiden Herren besichtigen in Wien Hotelbauten. Die Ostbau möchte den Bauauftrag für ein Hotel in Tiflis erhalten.

Aufgaben:

- Vermerken Sie auf dem Beleg die Daten, die erforderlich sind, damit dieses Essen steuerlich anerkannt wird.
- Stellen Sie den Buchungssatz für die Verbuchung dieser Rechnung dar.

```
KELLNER 4              TISCH 16/1

3 GEDECK                 6,--
3 APERITIV              10,50
3 BIER                   9,--
3 MEERESFRÜCHTE         45,20
3 TAFELSPITZSUPPE       15,90
3 KALBSRÜCKENFILET      52,80
3 SALAT                 12,60
1 FL. WEIN 9604         22,--
3 MINERAL RÖMER          6,60
2 DESSERTWAGEN          11,60
1 DESSERTWAGEN           5,50
3 KAFFEE GROSZ           7,80
2 HENNESSY              48,--
1 POMMERY               12,50

ZWISCHENSUMMER         266,--
ZU BEZAHLEN            266,--
```

k.u.k. Restaurant Piaristenkeller

PIARISTENKELLER RESTAURATIONSBETRIEBS GES.M.B.H.
A-1080 WIEN PIARISTENGASSE 45
TEL.: +43/1-406 01 93   FAX.: +43/1-406 41 73

Firma
Ostbau
z. H. Herrn Dir. Leopold Berger
Ungargasse 57
A-1030 Wien

Gesamtbetrag in €:   266,--

PIARISTENKELLER RESTAURATIONSBETRIEBS GES.M.B.H.
A-1080 WIEN PIARISTENGASSE 45
TEL.: +43/1-406 01 93   FAX.: +43/1-406 41 73

HERZLICHEN DANK FÜR IHREN BESUCH

MWST %	NETTO	MWST	SUMME
10,00%	136,--	13,60	149,60
20,00%	97,--	19,40	116,40
3 PERSONEN			NUMMER 3

Anlass der Bewirtung:

Bewirtete Personen:

Kontonummer, Kontobezeichnung	Soll	Haben

Kommentar zu Ü 65

Nur der halbe Nettobetrag ist als Bewirtungsaufwand steuerlich anerkannt. Die Umsatzsteuer kann als Vorsteuer in voller Höhe geltend gemacht werden. D.h. die zweite Hälfte des Nettobetrages ist bei der Berechnung des steuerpflichtigen Gewinnes hinzuzurechnen.

Hinweis:

Hätte der Unternehmer an diesem Essen teilgenommen, hätte man seinen Anteil als Eigenverbrauch verbuchen müssen.

Nach Lösungsvergleich ———▶ weiter mit Übung 66

Übung 66

Herr Dr. Klein fährt im Auftrag seines Verlages zu Besprechungen mit Autoren nach Westösterreich mit dem Firmen-PKW.

Beginn der Reise: Dienstag, 9.5., 9 Uhr
Ende der Reise: Donnerstag, 11.5., 16 Uhr 20.

An Belegen legt Herr Dr. Klein vor:

- Hotelrechnungen für Nächtigung und Frühstück, in Summe EUR 136,40 inkl. 10% USt. Diese Rechnung wurde am 11.5. mittels Firmenkreditkarte bezahlt.

- Herr Dr. Klein hat am 10.5. abends und am 11.5. mittags mit den Autoren Arbeitsessen mit Vertragsverhandlungen. Beide Restaurantbelege hat Dr. Klein mit der Firmenkreditkarte bezahlt.

    am 10.5. in Summe EUR 112,80   am 11.5. in Summe EUR 102,40
    nämlich   EUR 72,00 + 10 % USt   EUR 56,00 + 10 % USt
              EUR 28,00 + 20 % USt   EUR 34,00 + 20 % USt

- Ferner legt Herr Dr. Klein für den Firmen-PKW Tankbelege in Höhe von EUR 69,45 inkl. 20% USt vor, die er bar bezahlt hat.

Die Abrechnung der Dienstreise erfolgt am 21.5.

Herr Dr. Klein erhält lt. Dienstvertrag eine Tagesgeldpauschale in Höhe von EUR 36,00.

Für Esseneinladungen im Rahmen einer Dienstreise erfolgt lt. Dienstvertrag kein Abzug. Die Aliquotierung des Tagesgeldes entspricht den Regelungen des EStG.

Aufgaben:

(1) Erstellen Sie in übersichtlicher Form die Reiseabrechnung. Ermitteln Sie jenen Betrag, den Herr Dr. Klein bar ausbezahlt bekommt. Sollte nur die Verbuchung einer vorgegebenen Reisekostenabrechnung Ihr Ziel sein, gehen Sie zunächst in den Lösungsteil – dort finden Sie die komplette Reisekostenabrechnung. Leiten Sie daraus die erforderlichen Buchungen ab.

(2) Stellen Sie die Verbuchung dieser Reiseabrechnung sowie der Kreditkartenzahlungen (Hotel und Restaurant) in Form von Buchungssätzen im vorgegebenen Raster dar. Die Verbuchung dieser Belege hat mit den Daten 10. bzw. 11.5. zu erfolgen.

(3) Das Kreditkartenunternehmen belastet am 28.5. das Geschäftsbankkonto des Verlages mit diesen Rechnungsbelegen in Summe.

Aufteilung der Restaurantbelege:

Reisekostenabrechnung:

Einführung in die Buchhaltung im Selbststudium: Übungsteil　　Ü 66

Verbuchung der Kreditkartenbelege samt Abbuchung:

Dat.	Kontonummer, Kontobezeichnung	Soll	Haben

Verbuchung der Reisekostenabrechnung:

Dat.	Kontonummer, Kontobezeichnung	Soll	Haben

Kommentar zu Ü 66

ad Berechnung

Herr Dr. Klein erhält nur die Tankbelege und das Tagesgeldpauschale bar ausbezahlt. Hotel- und Restaurantrechnungen wurden ja direkt vom Verlag beglichen (Firmenkreditkarte).

Sie haben hoffentlich daran gedacht, dass bei Aufwendungen im Zusammenhang mit Firmen-PKWs kein Vorsteuerabzug möglich ist!

Relativ schwierig ist die Berechnung der abziehbaren Vorsteuer aus dem Tagesgeld.
– Sie müssen berücksichtigen, dass die Vorsteuer nur aus den EStG-Sätzen herausgerechnet werden darf und ferner
– dass Sie 2 x EUR 13,20 abziehen müssen, da lt. EStG pro Bewirtung im Rahmen einer Dienstreise der Tagessatz um EUR 13,20 zu kürzen ist.

Vergessen Sie nicht: die Differenz zwischen dem ausbezahlten Tagesgeld und dem ermittelten EStG-Betrag ist lohnsteuer- und sozialversicherungspflichtig.

ad Buchungen:

(2) Die Verbuchung der Reiseabrechnung selbst dürfte Ihnen keine Schwierigkeiten mehr bereiten. Die Tankbelege sind auf dem Konto „PKW Betriebsaufwand" auszuweisen.
Die Hotelrechnung ist netto als „Aufwand für Nächtigung – Inland" zu verbuchen. Der Restaurantbeleg ist in den steuerlich anerkannten Teil (halbe Nettobeträge aufgegliedert nach USt-Sätzen) und in den steuerlich nicht anerkannten Teil (halber Nettobetrag) zu splitten und entsprechend zu verbuchen. Die gesamte Umsatzsteuer kann als Vorsteuer geltend gemacht werden. Den Gesamtbetrag der Restaurantrechnungen und der Hotelrechnung ist der Verlag zunächst dem Kreditkartenunternehmen schuldig.

(3) Ausgleich der Schuld, Belastung am Bankkonto.

Nach Lösungsvergleich

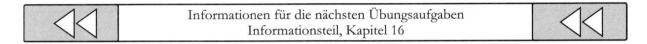

Informationen für die nächsten Übungsaufgaben
Informationsteil, Kapitel 16

Übung zu 16 – Die Verbuchung von Steuern

Übung 67

Geben Sie bitte die Buchungssätze für die folgenden Geschäftsfälle im untenstehenden Raster an. Schreiben Sie in der ersten Spalte jeweils das betreffende Datum.

17.2. Für ein im Vorjahr angeschafftes unbebautes Betriebsgrundstück, AW EUR 110.000,00, erhalten wir die Grunderwerbsteuer in Höhe von 3,5% vorgeschrieben.
Am 3.3. wird dieser Betrag überwiesen. Exakte Verbuchung.

15.5. Überweisung der Einkommensteuervorauszahlung in Höhe von EUR 2.475,00.
Dieser Betrag wird vom Geschäftsbankkonto abgebucht.

15.11. Überweisung der Grundsteuer für Betriebsgrundstücke in Höhe von EUR 275,00.

15.12. Überweisung der USt-Zahllast in Höhe von EUR 3.248,00.

Dat.	Kontonummer, Kontobezeichnung	Soll	Haben

Zusatzaufgabe:

Die Zahllast, die am 15.12. überwiesen wurde, betrifft den Monat _____ .

Kommentar zu Ü 67:

Die Grunderwerbsteuer ist zu aktivieren.

Beachten Sie, die Einkommensteuer ist eine Privatsteuer.

Die Grundsteuer ist eine Aufwandsteuer, die auf dem betreffenden Aufwandkonto zu verbuchen ist.

Alle Beträge gehen vom Bankkonto weg.

Nach Lösungsvergleich

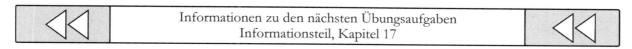

Informationen zu den nächsten Übungsaufgaben
Informationsteil, Kapitel 17

Übungen zu 17.4.3 – Die Bewertung im Rahmen des Jahresabschlusses

Übung 68

Am 14.3.2008 wurden 1.000 Aktien zum Kurs von EUR 24,00 in der Absicht erworben, sie längerfristig zu behalten (Anlagevermögen).
Am 31.12.2008 ist der Kurs auf EUR 20,20 gefallen (allgemeiner Kursverfall, voraussichtlich von Dauer).
Am 31.12.2009 beträgt der Kurs dieser Aktien EUR 21,80.
Am 31.12.2010 ist der Kurs auf EUR 24,50 gestiegen.

Aufgaben:

Stellen Sie bitte die Buchungssätze, die sich durch die Bewertung der Aktien am 31.12. 2008, 2009 und 2010 ergeben, dar.

Geben Sie den Buchungssatz für die Abschlussbuchung des Wertpapierkontos zum 31.12.2009 an.

Sie können die Darstellung der Buchungssätze nach der im Band I üblichen Form wählen oder in der für AMC I erforderlichen Form. Wir haben für beide Varianten Raster vorgegeben. Wenn Sie die Variante nach AMC I wählen, geben Sie in der letzten Spalte die Auswirkung auf den Gewinn an.

Beachten Sie dabei:

2008 und 2009 soll ein möglichst niedriger Gewinn ausgewiesen werden.
2010 zeigt das vorläufige Jahresergebnis einen Verlust. Die Aktien sollen daher aufgewertet werden.

Dat.	Kontonummer, Kontobezeichnung	Soll	Haben

Dat.	SOLLKonto	HABENKonto	Betrag	Auswirkungen auf den Gewinn		
				+	–	0

Kommentar zu Ü 68

ad 31.12.2008: Der Kurs ist gesunken.
Der Kursfall ist **voraussichtlich von Dauer** und **muss** daher berücksichtigt werden.

ad 31.12.2009: Es könnte auf 21,80 aufgewertet werden. Dieser Kurs liegt noch unter dem Anschaffungswert. Da jedoch ein möglichst niedriger Gewinn ausgewiesen werden soll, ist davon Abstand zu nehmen. Keine Korrekturbuchung.

ad 31.12.2010: Die Möglichkeit der Zuschreibung, jedoch maximal bis zur Höhe des Anschaffungskurses, ist im Gesetz vorgesehen. Eine Zuschreibung **kann, muss** jedoch **nicht** erfolgen.
Da ein möglichst geringer Verlust ausgewiesen werden soll, ist aufzuwerten. Es dürfen die Aktien jedoch nur zum Kurs von 24,00 (Anschaffungskurs), nicht jedoch zum Kurs von 24,50 (Kurs am Bilanzstichtag) ausgewiesen werden.

Die Verbuchung selbst dürfte keine Schwierigkeiten bereiten.

Nach Lösungsvergleich ⟶ weiter mit Übung 69

Übung 69

Unser am 9.7.1970 angeschafftes Betriebsgrundstück hatte bei der Anschaffung einen Quadratmeterpreis von S 1.500,00 (d.s. EUR 109,00).

a) Dieses Gebiet ist mittlerweile bestens aufgeschlossen worden, es wurde die bedeutendste Industriezone. Der Preis für diese Grundstücke ist daher auf EUR 220,00 pro m2 gestiegen.

b) Die Lage des Grundstücks ist für unseren Betrieb nicht mehr günstig, da der für uns notwendige Bahnanschluss durch die ÖBB stillgelegt wurde. Die meisten anderen Industriebetriebe sind daher bereits abgewandert. Das Grundstück ist jedoch auch nicht für den Wohnbau geeignet. Daher ist der Quadratmeterpreis auf EUR 70,00 gesunken.

Aufgabe:
Geben Sie bitte den Quadratmeterpreis an, zu dem Sie das Grundstück im Fall a) und im Fall b) bilanzieren können.

Bilanzansatz im Fall a) EUR _____ pro m2

Bilanzansatz im Fall b) EUR _____ pro m2

Kommentar zu Ü 69

ad a) Der Anschaffungswert gilt für nicht abnutzbare Anlagegegenstände als Höchstwert.
In diesem Fall ist der Bilanzansatz daher unverändert zu lassen, d.h. das Betriebsgrundstück ist weiter zu einem Quadratmeterpreis von EUR 109,00 in die Bilanz aufzunehmen.

ad b) An dem Wertverlust des Betriebsgrundstücks wird sich kaum etwas ändern, der Wertverlust ist als dauerhaft anzusehen.

Es muss daher abgewertet werden, d.h. das Betriebsgrundstück darf nur noch mit einem Quadratmeterpreis von EUR 70,00 in die Bilanz aufgenommen werden.

Nach Lösungsvergleich

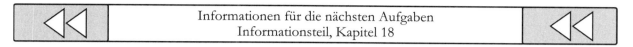

Informationen für die nächsten Aufgaben
Informationsteil, Kapitel 18

Übungen zu 18.2 – Verbuchung von Zugängen im Anlagevermögen

Übung 70 – Anlagenkauf mit Anzahlung und Anschaffungsnebenkosten

15.4.10: Wir bestellen bei der VOEST, Kto 33008, eine Spezialbohranlage. Der Kostenvoranschlag lautet auf EUR 400.000,00 + 20 % USt ab Werk.

18.4.: Wir überweisen eine Anzahlung in Höhe von EUR 100.000,00 + 20.000,00 USt entsprechend der dafür erhaltenen Rechnung.

7.7.: Die Anlage wird geliefert.

Die Rechnung lautet auf	EUR	380.000,00
+ 20 % USt	EUR	76.000,00
	EUR	456.000,00

Der noch offene Rechnungsbetrag ist folgendermaßen zahlbar:
- EUR 150.000,00 sofort bei Rechnungserhalt durch Überweisung
- EUR 150.000,00 am 31.8. und EUR 36.000,00 am 31.10. (keine Buchung)

10.7.: Für den Transport der Anlage zahlen wir lt. Speditionsrechnung durch Banküberweisung EUR 8.000,00 + 20 % USt (= EUR 1.600,00).

30.7.: Die Abrechnung über die Aufstellungskosten lautet auf EUR 4.200,00 + 20 % USt (= EUR 840,00). Wir überweisen sofort.

1.8.10: Die Maschine wird in Betrieb genommen.

Aufgabe:

Stellen Sie bitte alle Buchungen aus diesem Geschäftsfall (mit Ausnahme der beiden Ratenzahlungen) in den vorgegebenen Konten dar. Die Konten sind nach dem Kontenplan zu nummerieren und zu benennen. Bei jeder Buchung sind Datum und Kontonummern des (der) Gegenkontos (-konten) anzuführen. Die Anzahlung ist nach Variante 1 (mit Interimskonto) zu verbuchen.

2800 Bank

Dat.	Text	Soll	Haben
	AB	700.000,00	

Dat.	Text	Soll	Haben

2500 Vorsteuer

Dat.	Text	Soll	Haben

Dat.	Text	Soll	Haben

Dat.	Text	Soll	Haben

Dat.	Text	Soll	Haben

Kommentar zu Ü 70

ad 15.4.: Die Bestellung allein bewirkt noch keine Buchung.

ad 18.4.: Die Anzahlung wird in zwei Schritten verbucht. Zuerst wird der Gesamtbetrag als Forderung gegenüber dem Lieferanten verbucht, dann – da wir eine entsprechende Rechnung erhalten haben – erfolgt die Aufsplittung in Nettoanzahlung und Vorsteuer über eine Interimsbuchung.
Haben Sie bei der Anzahlung Probleme – Kapitel 9.3.2.(1) !

ad 7.7.: Mit diesem Datum sind drei Buchungen erforderlich:
– Die Verbuchung der Gesamtrechnung.
– Die Rückgängigmachung der Interimsbuchung.
– Die Buchung der Teilzahlung.

ad 10.7.
und 30.7.: Alle Kosten, die notwendig sind, um die Maschine betriebsbereit zu machen, gehören am Anlagekonto mit ihren Nettobeträgen (ohne USt) aktiviert. Die Umsatzsteuer wird als Vorsteuerforderung an das Finanzamt ausgewiesen.

ad 1.8.: Die Inbetriebnahme selbst bewirkt keine Buchung. Das Datum der Inbetriebnahme ist maßgebend für die Abschreibung (vgl. Kapitel 18.3).

Nach Lösungsvergleich ⎯⎯⎯➤ weiter mit Übung 71

Übung 71 – Anlagenkauf mit Nebenkosten und nachträglichem Rabatt

Dieses Beispiel stellt eine Abwandlung von Ü 70 dar und ist auf die Prüfungsanforderungen von AMC I abgestellt.

15.4.10: Wir bestellen bei der VOEST, Kto 33008, eine Spezialbohranlage. Der Kostenvoranschlag lautet auf EUR 400.000,00 + 20 % USt ab Werk.

7.7.: Die Anlage wird geliefert.
Die Rechnung lautet auf   EUR   380.000,00
+ 20 % USt   EUR   76.000,00
                          EUR   456.000,00

Für den Rechnungsausgleich gewährt uns VOEST ein Ziel von 60 Tagen.

Einführung in die Buchhaltung im Selbststudium: Übungsteil Ü 71

10.7.: Für den Transport der Anlage zahlen wir lt. Speditionsrechnung durch Banküberweisung EUR 8.000,00 + 20 % USt (= EUR 1.600,00).

15.7.: Da die Spezialbohranlage nicht die vereinbarte Drehzahl erreicht, erhalten wir von VOEST einen nachträglichen Rabatt von 15 %. Die Gutschrift trifft ein.

30.7.: Die Abrechnung über die Aufstellungskosten lautet auf EUR 4.200,00 + 20 % USt (= EUR 840,00). Wir überweisen sofort.

1.8.10: Die Maschine wird in Betrieb genommen.

5.9.10: Wir überweisen den offenen Restbetrag.

Aufgabe:

Stellen Sie bitte alle Buchungen im Zusammenhang mit dieser Anschaffung in Form von Buchungssätzen entsprechend AMC I dar.

Stellen Sie das Konto „(0) Bohranlage" mit allen Buchungen im Zusammenhang mit dieser Anschaffung dar.

Dat.	SOLLKonto	HABENKonto	Betrag	Auswirkungen auf den Gewinn		
				+	–	0

(0) Bohranlage

Dat.	Text	Soll	Haben

Kommentar zu Ü 71

ad 15.4.: Die Bestellung allein bewirkt noch keine Buchung.

ad 7.7.: Mit diesem Datum ist die Maschine zu aktivieren.

ad 10.7. Alle Kosten, die notwendig sind, um die Maschine betriebsbereit zu machen, gehören am Anlagekonto mit ihren Nettobeträgen (ohne USt) aktiviert. Die Umsatzsteuer wird als Vorsteuerforderung an das Finanzamt ausgewiesen.

ad 15.7.: Der nachträglich gewährte Rabatt vermindert den Anschaffungswert.

ad 30.7.: Vgl. 10.7.

ad 1.8.: Die Inbetriebnahme selbst bewirkt keine Buchung. Das Datum der Inbetriebnahme ist maßgebend für die Abschreibung (vgl. Kapitel 18.3).

ad 5.9.: Der Restrechnungsbetrag (Kaufpreis abzüglich Rabatt) wird überwiesen.

Nach Lösungsvergleich ⟶ weiter mit Übung 72

Übung 72 – Selbsterstellung von Anlagen

Das Bauunternehmen „Quick-Bau-AG" erbaut eine Garage für die LKWs.
Am 15.11. wird mit dem Bau begonnen.
Bis zum 31.12. sind Aufwendungen in der Höhe von EUR 240.000,00 (steuerlicher Mindestansatz) zu aktivieren.
Die Garage ist am 31.12. erst im Rohbau fertig.
Am 2.1. des Folgejahres wird der Bau fortgesetzt.
Am 15.4. wird die Garage in Betrieb genommen. Laut Aufzeichnungen sind noch folgende Tatbestände zu berücksichtigen:

Fertigungsmaterial	EUR 80.000,00
Fertigungslöhne	EUR 90.000,00
Materialgemeinkosten 15 %	
Fertigungsgemeinkosten 160 %	
Verwaltungsgemeinkosten 12 %	

Es ist für die gesamte Garage der steuerrechtliche Mindestansatz zu wählen.

Aufgaben:
Stellen Sie bitte die Buchungen im Zusammenhang mit Bau und Inbetriebnahme der Garage dar.
Nehmen Sie die Abschluss- und Eröffnungsbuchungen auf den dargestellten Konten vor. Die Abschluss- und Eröffnungskonten selbst sind nicht darzustellen.

Buchungen im 1. Jahr (Baubeginn):

Dat.	Text	Soll	Haben	Dat.	Text	Soll	Haben

Buchungen im 2. Jahr (Baufortsetzung und Fertigstellung):

Dat.	Text	Soll	Haben	Dat.	Text	Soll	Haben

Dat.	Text	Soll	Haben	Dat.	Text	Soll	Haben

Einführung in die Buchhaltung im Selbststudium: Übungsteil Ü 73

Kommentar zu Ü 72

ad 1. Jahr: Die Aufwendungen, die für das Anlagegut angefallen sind, sind zu neutralisieren. D.h. sie sind nicht erfolgswirksam. Daher wird den Aufwendungen eine Buchung auf dem Konto „4580 Aktivierte Eigenleistungen" entgegengestellt. Da die Garage noch nicht fertig gestellt ist, kann sie nur auf dem Konto „0710 Anlagen in Bau" ausgewiesen werden. Das Konto zeigt, dass hier Anlagevermögen zuwächst.

ad 2. Jahr: Nach Fertigstellung der Garage ist diese nun voll zu aktivieren. Zunächst sind die noch angefallenen Aufwendungen zu neutralisieren.
Als steuerlicher Mindestansatz gelten die Herstellkosten, d.s. die Einzelkosten sowie die Material- und Fertigungsgemeinkosten. In unserem Beispiel in Summe EUR 326.000,00.
Die fertig gestellte Anlage ist vom Konto 0710 auf das Anlagekonto (in diesem Fall 0300) zu übertragen. Der Gesamtwert der Garage beträgt EUR 566.000,00.

Nach Lösungsvergleich ———▶ weiter mit Übung 73

Übung 73

Wir kaufen am 30.4.20.. von der Maschinenfabrik Haid, Stockerau
– eine Kreissäge um EUR 280,00 + 20 % USt und
– eine Schlagbohrmaschine um EUR 540,00 + 20 % USt

und zahlen den Gesamtbetrag (= EUR 984,00) mittels Kreditkarte. Der Kontoauszug vom 2.6. zeigt die Abbuchung dieses Betrages durch die Kreditkartenorganisation.

Aufgabe:

Bitte prüfen Sie, ob auf die beiden Maschinen § 13 EStG anzuwenden ist und nehmen Sie die Verbuchung der Anschaffung sowie die Verbuchung der Belastung durch die Kreditkartenorganisation vor.

2800 Bank

Dat.	Text	Soll	Haben
	AB	15.000,00	

Dat.	Text	Soll	Haben

Dat.	Text	Soll	Haben

Dat.	Text	Soll	Haben

Dat.	Text	Soll	Haben

Dat.	Text	Soll	Haben

Kommentar zu Ü 73

Die Kreissäge kann sofort als Betriebsausgabe, d.h. als Aufwand verbucht werden (Anlagegüter bis zu EUR 400,00 ohne USt).
Die Schlagbohrmaschine ist dagegen als Anlagegut zu aktivieren. Entweder auf dem Konto 0400 Maschinen oder auf dem Konto 0510 Werkzeuge.
Haben Sie bei der Zahlung mittels Kreditkarte Probleme – Kapitel 9.2.4

Nach Lösungsvergleich ———▶ weiter mit Übung 74

Übung 74 – Diverse Zugänge im Anlagevermögen

Die Tischlerei Gumpe hatte im heurigen Jahr folgende Anlagenzugänge:

20.04.: wurde das neue Verwaltungsgebäude fertiggestellt. Die Gesamtabrechnung des Bauunternehmens am 20.04. lautet (Rechnungsausschnitt)

    Bau Verwaltungsgebäude Siegesplatz 1 EUR 360.000,00
    + 20 % USt   EUR 72.000,00
                                                  EUR 432.000,00

Der Gesamtbetrag wird sofort überwiesen.

25.05.: Die Büroeinrichtung wurde mit eigenen Arbeitskräften errichtet. Insgesamt machen die Herstellungskosten dafür EUR 75.210,00 aus.

31.05.: Kauf und Installation der EDV-Anlage. Gesamtpreis EUR 24.000,00 + 20 % USt. Lieferant: EDV-Profi (33012). Zahlbar sofort nach Ende des Probelaufs.

04.06.: Auf Grund unserer Reklamation erhalten wir von EDV-Profi einen nachträglichen Rabatt von 20 % auf die Gesamtkosten und überweisen den Restbetrag sofort.

15.06.: Zur Ergänzung werden noch für die verschiedenen Abteilungen kleine Drucker zu je EUR 120,00 inkl. 20 % USt angeschafft. Insgesamt 5 Stück. Barzahlung. Prüfen Sie, ob die fünf Drucker als geringwertige Wirtschaftsgüter verbucht werden können – ist dies der Fall, ist die Buchung in dieser Form vorzunehmen.

Aufgaben:

Geben Sie alle Buchungssätze im Zusammenhang mit den Anlagenzugängen einschließlich der Rechnungsausgleiche im Anschaffungsjahr in Form von Buchungssätzen entsprechend AMC I an.

Dat.	SOLLKonto	HABENKonto	Betrag	Auswirkung auf den Gewinn		
				+	–	0

Nach Lösungsvergleich ———▶ weiter mit Übung 75

Übung 75

21.4.: Die Austro-Leasing kauft von der VOEST (33017) einen Baukran um EUR 65.000,00 + 20 % USt auf Ziel.

23.4.: Die Austro-Leasing überweist an die Panalpina EUR 1.560,00 inkl. 20 % USt für den Transport dieses Baukranes an ihren Standort.

24.4.: Die Transportversicherung in Höhe von EUR 185,00 wird überwiesen.

Die Leasingfirma vermietet den Kran erstmals ab Mai.

Auszug aus dem Mietvertrag:
- Monatsmiete EUR 1.500,00 + 20 % USt, fällig jeweils am 5.d.M. im Voraus
- keine Kaufoption
- jederzeit von beiden Seiten kündbar, Kündigungsfrist ein Monat.

Aufgaben:

Stellen Sie alle erforderlichen Buchungen aus diesem Geschäftsfall in Form von Buchungssätzen dar, und zwar:

- Alle im Zusammenhang mit der Anschaffung des Baukranes bei der Austro-Leasing.
- Überweisung der ersten Leasingrate aus der Sicht des Mieters am 4.5.
- Eingang der ersten Leasingrate am 6.5. auf dem Bankkonto der Austro-Leasing

Dat.	Kontonummer, Kontobezeichnung	Soll	Haben

Kommentar zu Ü 75:

- Da es sich hier um einen Mietvertrag handelt (vgl. Band I, 18.2.6 (2)), ist der Baukran bei der Austro-Leasing zu aktivieren.
- Die Miete stellt für den Mieter Mietaufwand, für die Austro-Leasing Umsatzerlös dar.

Nach Lösungsvergleich

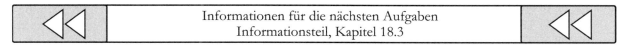

Informationen für die nächsten Aufgaben
Informationsteil, Kapitel 18.3

Übungen zu 18.3 – Abschreibung und Zuschreibung von abnutzbaren Sachanlagen

Übung 76

Unsere Anlagenkartei für Kleinlastkraftwagen zeigt am 31.12.2010 (vor Durchführung der Abschreibung für 2010) folgendes Bild:

	Anschaffungswert (= Afa-Basis) in EURO	Anschaffungsdatum (= Datum der Inbetriebnahme)	Buchwert 1.1.2010
KLKW 1	27.000,00	25.07.2005	2.700,00
KLKW 2	32.000,00	03.01.2009	25.600,00
KLKW 3	34.000,00	02.11.2010	

Die Kleinlastkraftwagen werden auf der Basis einer fünfjährigen Nutzungsdauer direkt abgeschrieben. Der 2010 angeschaffte KLKW ist bereits am Anlagekonto aktiviert.

Aufgaben:

1. Stellen Sie bitte die Abschreibung in der vorgegebenen Tabelle übersichtlich dar.
2. Bilden Sie den dazugehörenden Buchungssatz. Die Abschreibung ist direkt zu verbuchen.

zu 1)

KLKW	Anschaffungs-wert	Anschaffungs-datum	Buchwert 1.1.2010	Afa	Buchwert 31.12.2010

zu 2)

Kontonummer, Kontobezeichnung	Soll	Haben

Kommentar zu Ü 76

ad KLKW 1: es können nur noch EUR 2.700,00 (= Buchwert) abgeschrieben werden.
ad KLKW 2: hier ergibt sich kein besonderes Problem.
ad KLKW 3: da in der zweiten Hälfte in Betrieb genommen, ist die Abschreibung nur für 1/2 Jahr möglich.

Die Tabelle ist bei der Lösung ebenfalls angeführt.

Nach Lösungsvergleich ⟶ weiter mit Übung 77

Übung 77

Ein Gewerbebetrieb hat am 28.4.20.. ein Betriebsgrundstück mit einem neu erbauten Fabriksgebäude um insgesamt EUR 4 Millionen erworben. Davon entfallen EUR 800.000,00 auf das Grundstück.
Die Inbetriebnahme erfolgte am 5.5. Das Gebäude wird ausschließlich für gewerbliche Zwecke verwendet, Verbuchung der Abschreibung indirekt.

Aufgabe:
Geben Sie bitte den Buchungssatz für die ordentliche Abschreibung an. Es ist der Afa-Satz lt. steuerlicher Richtlinien anzusetzen, das sind 3 % p. a.

Kontonummer, Kontobezeichnung	Soll	Haben

Kommentar zu Ü 77

Ordentliche Abschreibung ist nur vom Gebäude zu berechnen (Grundstück ist nicht abnutzbar): 3 % (Inbetriebnahme 1. Halbjahr) von 3,2 Millionen.

Hinweis:
Die Nutzungsdauer bzw. der Afa-Satz wird bei Prüfungen immer angegeben.

Nach Lösungsvergleich ──▶ weiter mit Übung 78

Übung 78

Gehen Sie zurück zu Ü 74 und ermitteln Sie die Abschreibungsbeträge für das Gebäude (Nd 50 Jahre), die Büroeinrichtung (ND 10 Jahre) und die EDV-Ausstattung (ND 4 Jahre) und stellen Sie die erforderlichen Buchungen in Form von Buchungssätzen im Anschaffungsjahr dar. Alle Anlagengegenstände wurden mit dem Rechnungsdatum bzw. mit dem Datum der Aktivierung in Betrieb genommen.

Dat.	SOLLKonto	HABENKonto	Betrag	Auswirkung auf den Gewinn		
				+	−	0

Kommentar zu Ü 78

Alle Anlagengüter wurden in der ersten Jahreshälfte in Betrieb genommen und sind damit ein volles Jahr abzuschreiben.

Beachten müssen Sie, dass der nachträglich gewährte Rabatt die Abschreibungsbasis der EDV-Anlage vermindert.

Selbstverständlich sind die Drucker nicht mehr abzuschreiben – sie wurden ja bei ihrer Anschaffung bereits als Geringwertige Wirtschaftsgüter voll abgeschrieben.

Nach Lösungsvergleich ──▶ weiter mit Übung 79

Übung 79

Bitte verbuchen Sie die Abschreibung der Spezialbohranlage per 31.12.10 (vgl. Ü 71). Aus dem abgebildeten Maschinenkonto ersehen Sie die Abschreibungsbasis.

Nutzungsdauer 20 Jahre, Verbuchung der Abschreibung indirekt.

(0) Bohranlage

Dat.	Text	Soll	Haben
7.7.	33008	380.000,00	
10.7.	2800	8.000,00	
15.7.	33008		57.000,00
30.7.	2800	4.200,00	

Dat.	Text	Soll	Haben

Dat.	Text	Soll	Haben

Aufgabe 2:

Stellen Sie das Konto „Bohranlage" im Jahr 2012 dar unter der Annahme, dass die Abschreibung direkt verbucht wird. Stellen Sie auch die Abschlussbuchung per 31.12.2012 dar.

Dat.	Text	Soll	Haben

Aufgabe 3 (Fortsetzung von Aufgabe 2):

Stellen Sie das Maschinenkonto im Jahr 2013 unter der folgenden Annahme dar:

Nehmen Sie an, dass durch die Entwicklung neuer Technologien diese Bohrungen weit günstiger durchzuführen wären. Die Bohranlage ist daher 2013 außerplanmäßig abzuschreiben. Der Buchwert per 31.12.2013 ist daher nur noch mit EUR 250.000,00 anzusetzen.

Dat.	Text	Soll	Haben

Aufgabe 4 (Fortsetzung von Aufgabe 3):

Berechnen Sie die Abschreibung für 2014 und die Folgejahre.

Aufgabe 5 (Fortsetzung von Aufgabe 3 und 4):

Da die neue Technologie zwar schnellere Bohrungen ermöglicht, jedoch wesentlich fehleranfälliger ist, steigt unsere Bohranlage wieder im Wert. 2015 ist daher die außerplanmäßige Abschreibung wieder rückgängig zu machen.
Berechnen Sie daher den Betrag der Zuschreibung und stellen Sie den Buchungssatz dafür dar.

Kommentar zu Ü 79

Ad Aufgabe 1:

Abschreibungsbasis ist der Anschaffungswert, das sind insgesamt EUR 335.200,00 (= Summe der am Konto 0400 verbuchten Beträge). Da die Anlage erst in der zweiten Jahreshälfte in Betrieb genommen wurde, kann sie nur für 1/2 Jahr abgeschrieben werden:
2 ½ % von 335.200,00 = 8.380,00.

Die Abschreibung ist indirekt zu verbuchen, d.h. dem Maschinenkonto ist ein Konto „Kumulierte Abschreibungen" zur Seite zu stellen, das alle Abschreibungen aufnimmt. Am Maschinenkonto bleibt stets der Anschaffungswert ersichtlich.

Ad Aufgabe 2:

Bei direkter Abschreibung steht am Anlagekonto immer der Buchwert.

Abschreibungsbasis	EUR	335.200,00
Abschreibung 2010 ½ Jahr	EUR	8.380,00
Abschreibung 2011	EUR	16.760,00
Buchwert per 1.1.2012	EUR	310.060,00

Ad Aufgabe 3:

Buchwert per 1.1.2013	EUR	293.300,00
Planmäßige Abschreibung 2013	EUR	16.760,00
Errechneter Buchwert per 31.12.2013	EUR	276.540,00
Tatsächlicher Buchwert	EUR	250.000,00
Außerplanmäßige Abschreibung	EUR	26.540,00

Ad Aufgabe 4:

Buchwert per 1.1.2014 EUR 250.000,00, Restnutzungsdauer 16 ½ Jahre (20 Jahre – Abschreibung 2010 (½), 2011, 2012, 2013), daher jährliche Abschreibung ab 2014 EUR 15.151,51.

Ad Aufgabe 5:

Sie müssen
- den Buchwert per 31.12.2015 berechnen unter dem Aspekt der außerplanmäßigen Abschreibung, d.s. EUR 219.696,97 und
- den Buchwert per 31.12.2015 berechnen unter dem Aspekt, dass es keine außerplanmäßige Abschreibung gegeben hat, d.s. EUR 243.020,00.

Die Differenz zwischen diesen beiden Buchwerten ist der Wert der Zuschreibung.

Nach Lösungsvergleich

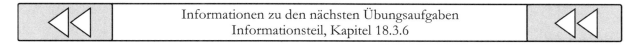

Informationen zu den nächsten Übungsaufgaben
Informationsteil, Kapitel 18.3.6

Übungen zu 18.3.6 – Umbau und Erweiterung bestehender Anlagen und deren Abschreibung

Übung 80

Die Salzburger Messe-Gesellschaft lässt 2010 in eine Ausstellungshalle eine Rolltreppe einbauen.

Daten der Ausstellungshalle:

Anschaffungskosten EUR 630.000,00 netto
Datum der Inbetriebnahme: 4.9.1980
Nutzungsdauer 33 $\frac{1}{3}$ Jahre, Verbuchung der Abschreibung indirekt

Daten der Rolltreppe:

Anschaffungskosten EUR 105.000,00 (netto)
Datum der Inbetriebnahme: 10.9.2010
Rolltreppen als selbständiges Wirtschaftsgut haben eine steuerlich anerkannte Nutzungsdauer von 8 Jahren.

Aufgaben:

- Ermitteln Sie in übersichtlicher Form die Abschreibung für die Ausstellungshalle und die Rolltreppe.
- Stellen Sie die Verbuchung dieser Abschreibung (indirekt) in Form eines Buchungssatzes dar.

Berechnung:

Buchungssatz:

Kontonummer, Kontobezeichnung	Soll	Haben

Kommentar zu Ü 80

Hier tritt der Fall ein, dass der Investitionsaufwand höher ist als der Restbuchwert der Halle.
Auch ist die Restnutzungsdauer der Halle kürzer als die Nutzungsdauer der Rolltreppe.
Aus diesem Grund ist der Restbuchwert der Halle auf die Nutzungsdauer der Rolltreppe abzuschreiben (Variante 2).

Haben Sie Schwierigkeiten, arbeiten Sie bitte nochmals die Informationen im Kapitel 18.3.6 durch.

Nach Lösungsvergleich ──────▶ weiter mit Übung 81

Übung 81

Die Baufirma Huber hat 2010 mit eigenen Arbeitskräften folgende Arbeiten durchgeführt:
- Umbau der Kellerräume im Bürogebäude in Lagerräume
- Ausmalen der Räume im Bürogebäude

Einführung in die Buchhaltung im Selbststudium: Übungsteil

Auf den betreffenden Aufwandskonten wurden in diesem Zusammenhang bisher verbucht:
- für die Malerarbeiten   EUR   14.540,00
- für die Umbauarbeiten   EUR   124.440,00

Die Malerarbeiten wurden im August 2010 durchgeführt, die Lagerräume am 10.9.10 in Betrieb genommen.

Daten des Bürogebäudes:
Anschaffungswert EUR 2,062.000,00, Nutzungsdauer 40 Jahre,
Datum der Inbetriebnahme 4.6.2001

Ihre Aufgaben:

Geben Sie auf den untenstehenden Konten alle erforderlichen Buchungen
- im Zusammenhang mit den Malerarbeiten und den Umbauarbeiten
- mit der Abschreibung des Bürogebäudes für 2010 an.

Nebenrechnungen sind übersichtlich darzustellen.

0300 Gebäude

Dat.	Text	Soll	Haben
1.1.	9800	2,062.000,00	

0390 Kumulierte Abschreibung Gebäude

Dat.	Text	Soll	Haben
1.1.	9800		463.950,00

Dat.	Text	Soll	Haben

Dat.	Text	Soll	Haben

Dat.	Text	Soll	Haben

Dat.	Text	Soll	Haben

Nebenrechnungen:

Kommentar zu Ü 81

Bei diesem Beispiel müssen Sie einige Überlegungen anstellen.

ad Aktivieren
Nur der Ausbau der Kellerräume in Lagerräume (= andere Nutzung) ist zu aktivieren.
Diese Arbeiten wurden selbst mit eigenen Arbeitskräften durchgeführt. D.h. dieser Ausbau ist wie eine „selbsterstellte Anlage" – vgl. Kapitel 18.2.5 – zu behandeln.

ad Malerarbeiten
Die Malerarbeiten sind bereits als Aufwand verbucht. Hier ist keine Buchung erforderlich.

ad Abschreibung
Ermitteln Sie die Restnutzungsdauer ab 30.6.2010. Ab diesem Zeitpunkt ist das Gebäude mit den Lagerräumen abzuschreiben, jedoch nur für ein halbes Jahr, da die Lagerräume erst in der 2. Jahreshälfte 2010 in Betrieb genommen worden sind. Zu dieser Abschreibung kommt noch die Abschreibung des „alten" Gebäudes ohne Umbau in der ersten Jahreshälfte.

Nach Lösungsvergleich

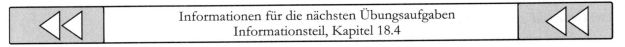

Informationen für die nächsten Übungsaufgaben
Informationsteil, Kapitel 18.4

Übungen zu 18.4 – Ausscheiden von Anlagen

Übung 82 – Anlagenverkauf

Die Putzerei Müller hat am 5.1.2007 einen Bügelautomaten angeschafft und am 10.1.2007 in Betrieb genommen. Kaufpreis EUR 15.000,00 zuzüglich 20 % USt. Nutzungsdauer 5 Jahre, Abschreibung direkt.

Der Bügelautomat wird am 31.3.2010 um EUR 6.000,00 (inkl. 20 % USt) bar verkauft.

Aufgabe:
Ermitteln Sie den Buchwert per 1.1.2010 des Altgerätes. Eröffnen Sie das Konto Bügelmaschinen (0410) mit diesem Buchwert zum 1.1.2010.

Stellen Sie alle im Zusammenhang mit dem Verkauf anfallenden Buchungen auf den entsprechenden Konten dar.

Die Konten sind nach dem Kontenplan zu benennen und zu nummerieren. Datum und Nummer des Gegenkontos sind bei jeder Buchung anzugeben.

Ermitteln Sie unterhalb der Konten den Netto-Ertrag, den dieser Verkauf erbrachte.

Dat.	Text	Soll	Haben

Dat.	Text	Soll	Haben

Dat.	Text	Soll	Haben

Dat.	Text	Soll	Haben

Einführung in die Buchhaltung im Selbststudium: Übungsteil　　Ü 83

Dat.	Text	Soll	Haben

Dat.	Text	Soll	Haben

Der Verkauf des Bügelautomaten erbrachte einen Netto-Ertrag von EUR _____

Kommentar zu Ü 82

- Buchwert am 1.1.2010
  Noch 40 % der Abschreibungsbasis, d.s. 40 % vom Kaufpreis, also
  　　40 % von EUR 15.000,00 = EUR 6.000,00
  3 Jahre, nämlich 2007, 2008 und 2009, wurde der Bügelautomat bereits jährlich mit 20 % (insgesamt 60 %) abgeschrieben.
- Abschreibung des Bügelautomaten für 2010:
  Da er im 1. Halbjahr verkauft wird, kann die Abschreibung nur für 1/2 Jahr vorgenommen werden.
- Ausscheiden des Bügelautomaten:
  Der Restbuchwert (= Saldo des Konto 0410) ist über das Konto 7820 aus dem Anlagevermögen auszuscheiden.
- Verbuchung des Verkaufserlöses:
  Die im Verkaufserlös enthaltene Umsatzsteuer ist als Verbindlichkeit gegen das Finanzamt zu verbuchen.
- Der Netto-Ertrag ergibt sich aus dem Netto-Verkaufserlös abzüglich des Buchwertes.

Nach Lösungsvergleich　——▶　weiter mit Übung 83

Übung 83 – Anlagentausch

Die Fleischerei Schweininger gibt am 30.7.2010 ein Kühlgerät mit einem Buchwert von EUR 6.000,00 (1.1.2010) für ein neues Kühlgerät in Zahlung. Anschaffungswert der Altanlage EUR 48.000,00, Abschreibung 12,5 %, direkt.

Das neue Kühlgerät kostet EUR 58.000,00 zuzüglich 20 % USt (= EUR 11.600,00).
Von diesem Betrag werden EUR 9.600,00 für das Altgerät abgezogen. Der Rest in Höhe von EUR 60.000,00 ist am 30.9. fällig (Lieferant ALLFROST 33001). Dieser Betrag wird am 29.9. überwiesen.
Auch das neue Gerät ist mit 12,5 % direkt abzuschreiben. Tag der Inbetriebnahme: 5.8.2010.

Aufgabe:
Stellen Sie alle erforderlichen Buchungen im Zusammenhang mit diesem Geschäftsfall während des Jahres und am Bilanzstichtag in Form von Buchungssätzen dar. Geben Sie jeweils das Datum an.

Sie können die Darstellung der Buchungssätze nach der im Band I üblichen Form wählen oder in der für AMC I erforderlichen Form. Wir haben Ihnen für beide Varianten die Raster vorgegeben.

Wenn Sie die Variante nach AMC I wählen, geben Sie in der letzen Spalte die Auswirkung auf den Gewinn an, d.h. mit + gewinnerhöhend, mit – gewinnmindernd und mit 0 keine Auswirkung auf den Gewinn.

Vermerken Sie bei jedem Geschäftsfall auch das Datum.

Dat.	Kontonummer, Kontobezeichnung	Soll	Haben

Dat.	Soll-Konto	Haben-Konto	Betrag	Auswirkung Gewinn

Kommentar zu Ü 83

- Aktivierung des Neugerätes:
  Der volle Anschaffungswert (ohne USt) ist zu aktivieren: EUR 58.000,00.
  Die Umsatzsteuer kann als Vorsteuerforderung an das Finanzamt geltend gemacht werden: EUR 11.600,00

Rechnungsbetrag (inkl. USt)	EUR	69.600,00
– Abzug für Altgerät	EUR	9.600,00
Restzahlung	EUR	60.000,00

  Aus dem Verkaufserlös von EUR 9.600,00 ist die USt herauszurechnen und an das Finanzamt abzuführen (d.s. EUR 1.600,00).

- Abschreibung des Altgerätes:
  12,5 % von EUR 48.000,00 = 6.000,00. Mit diesem Betrag steht das Gerät noch zu Buch. Dieser Betrag ist voll als Abschreibung zu verbuchen.

- Ausscheiden des Altgerätes:
  Da kein Restwert vorhanden ist, ist keine weitere Buchung erforderlich.

- Abschreibung des Neugerätes:
  Da das Neugerät in der 2. Jahreshälfte in Betrieb genommen wurde, kann es nur mit 6,25 % abgeschrieben werden. Abschreibungsbasis: EUR 58.000,00.

Nach Lösungsvergleich ⟶ weiter mit Übung 84

Übung 84

Ein zum Glück leerer, jedoch fast neuer Lagerschuppen brannte am 17.3. bis auf die Grundmauern ab. Er war noch nicht feuerversichert.
Der Lagerschuppen wurde am 10.10. des Vorjahres mit EUR 450.000,00 aktiviert. Abschreibung auf der Basis einer 10-jährigen Nutzungsdauer; direkte Abschreibung.

Aufgabe:
Stellen Sie bitte alle Buchungen im Zusammenhang mit dem Brand und dem Ausscheiden des Lagerschuppens aus dem Anlagevermögen auf den vorgegebenen Konten dar. Auf dem Konto Gebäude sehen Sie den Buchwert des Lagerschuppens.

0300 Gebäude

Dat.	Text	Soll	Haben
1.1.	9800	427.500,00	

Dat.	Text	Soll	Haben

Dat.	Text	Soll	Haben

Kommentar zu Ü 84

- Der Lagerschuppen ist für das erste Halbjahr abzuschreiben.
- Der Buchwert ist auszuscheiden.

Nach Lösungsvergleich ⟶ weiter mit Übung 85

Übung 85 – Zusammenfassendes Beispiel zur Anlagenverbuchung

o Am 4.4.**2009** kaufen wir einen LKW und nehmen ihn sofort in Betrieb.
  Anschaffungswert: EUR 82.410,00 + 20 % USt von LKW-Man (33006), 60 Tage Ziel.
  Am 4.6. überweisen wir den Rechnungsbetrag.
  Nutzungsdauer des LKW: 5 Jahre, Verbuchung der Abschreibung indirekt.

o **2010** wird der LKW weiter genutzt.

o Am 1.9.**2011** tauschen wir den LKW gegen ein stärkeres Modell, das ebenfalls sofort in Betrieb genommen wird.
  Anschaffungswert des neuen LKW: EUR 124.000,00 + 20 % USt
  Nutzungsdauer des LKW: 5 Jahre, Verbuchung der Abschreibung indirekt.
  Für den alten LKW erhalten wir einen Abzug von EUR 50.000,00. Den Rest überweisen wir sofort.

Ü 85

Aufgabe:

Stellen Sie alle Buchungen im Zusammenhang mit dem Kauf, der Nutzung und dem Tausch für die Jahre 2009 – 2011 dar. Sie haben die erforderlichen Konten für jedes Jahr vorgegeben.

Nur das LKW-Konto und das Konto „Kumulierte Abschreibungen" sind jeweils abzuschließen und im nächsten Jahr zu eröffnen. Das Abschluss- bzw. das Eröffnungsbilanzkonto sind nicht darzustellen.

2009

2800 Bank

Dat.	Text	Soll	Haben
	Div.	124.700,00	

Dat.	Text	Soll	Haben

Dat.	Text	Soll	Haben

Dat.	Text	Soll	Haben

Dat.	Text	Soll	Haben

Dat.	Text	Soll	Haben

2010

Dat.	Text	Soll	Haben

Dat.	Text	Soll	Haben

Dat.	Text	Soll	Haben

Dat.	Text	Soll	Haben

2011

2800 Bank

Dat.	Text	Soll	Haben
	Div.	147.800,00	

Dat.	Text	Soll	Haben

Dat.	Text	Soll	Haben

Dat.	Text	Soll	Haben

Dat.	Text	Soll	Haben

Dat.	Text	Soll	Haben

Dat.	Text	Soll	Haben

Dat.	Text	Soll	Haben

Kommentar zu Ü 85

Die Verbuchung des Anlagenkaufes, dessen Abschreibung sowie sein Tausch hat Ihnen sicher keine Schwierigkeiten mehr bereitet.

Nach Lösungsvergleich

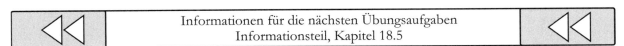

Informationen für die nächsten Übungsaufgaben
Informationsteil, Kapitel 18.5

Übung zu 18.6 – Der „Anlagenspiegel"

Übung 86

Erstellen Sie den Anlagenspiegel für die Position „Bebaute Grundstücke" auf Grund folgender Angaben:

Beachten Sie dabei:

In der Buchhaltung werden Grundstückswert (Konto 0210) und Gebäudewert (Konto 0300) getrennt ausgewiesen.
Im Anlagenspiegel werden diese beiden Werte als gemeinsame Position angesetzt, der Grundwert selbst wird als Fußnote angegeben.
Abgeschrieben kann selbstverständlich nur der Gebäudewert werden.

Zu Beginn des Jahres waren vorhanden:

Grundstück mit Gebäude 1:
Anschaffungswert EUR 15.000.000,00, davon Grundstück EUR 2.000.000,00.
Nutzungsdauer 40 Jahre, kumulierte Abschreibung bisher EUR 8.125.000,00, Restnutzungsdauer zu Jahresbeginn 15 Jahre.

Grundstück mit Gebäude 2:
Anschaffungswert EUR 5.000.000,00, davon Grundstück EUR 900.000,00.
Nutzungsdauer 33 $\frac{1}{3}$ Jahre, kumulierte Abschreibung bisher EUR 1.845.000,00.

Veränderungen während des Jahres:

o Auf Gebäude 1 wurde ein Stockwerk aufgesetzt. Dieses wurde in der zweiten Jahreshälfte fertiggestellt, abgerechnet und in Betrieb genommen: EUR 1.200.600,00

o Grundstück mit Gebäude 2 wurde in der zweiten Jahreshälfte um EUR 8.000.000,00 verkauft.

Berechnung:

Einführung in die Buchhaltung im Selbststudium: Übungsteil

Anlagenspiegel für die Bilanzposition bebaute Grundstücke:[*]

Anschaffungswert zu Jahresbeginn	Zugänge	Abgänge	kumulierte Abschr. 31.12.	Buchwert Jahresende	Buchwert Vorjahr	Abschreibung 20..

[*] Beachten Sie bitte: Spalten, die nicht benötigt werden (Umbuchungen, Zuschreibungen), haben wir weggelassen.

Kommentar zu Ü 86:

Die formale Erstellung des Anlagenspiegels wird Ihnen sicher keine Probleme bereiten.

Schwierigkeiten könnten Sie bei der Ermittlung der Abschreibung und der Buchwerte haben, daher wollen wir dazu einige Hinweise geben:

- Buchwert 1.1. (Vorjahr)
  Um diesen Wert zu erhalten, müssen Sie nur von den beiden Gesamtanschaffungswerten jeweils die bisherigen kumulierten Abschreibungen subtrahieren.
- Abschreibung für dieses Jahr
  Gebäude 1 alt ist für 1 Jahr normal abzuschreiben
  Der Zubau ist auf eine Nutzungsdauer von 14 ½ Jahren aufzuteilen. Dabei ist heuer zu beachten, dass der Zubau erst in der zweiten Jahreshälfte in Betrieb genommen wurde.
  Das Gebäude 2 ist noch für ein Jahr abzuschreiben.

  Beachten müssen Sie, dass die Abschreibung jeweils nur von den Gebäudewerten erfolgen kann.
- Kumulierte Abschreibungen am 31.12.
  Hier zählen Sie zur bisherigen Abschreibung des Gebäudes 1 die heurige dazu (auch jene des Zubaus). Für Gebäude 2 gibt es durch das Ausscheiden am 31.12. diese Position nicht mehr.
- Buchwert 31.12.
  Vom Gesamtanschaffungswert von Gebäude 1 (inkl. Zubau) ziehen Sie die kumulierten Abschreibungen per 31.12. ab. Sie erinnern sich: Anschaffungswert abzüglich der bisherigen Abschreibungen ergibt den Buchwert!

Nach Lösungsvergleich ⟶ weiter mit Übung 87

Übung 87

Erstellen Sie den Anlagenspiegel für die Position „Maschinen" für die Jahre 2010 und 2011 auf Grund folgender Tatbestände.

Alle Maschinen haben eine Nutzungsdauer von 8 Jahren.

für 2010

Maschine	Anschaffungswert netto	Datum der Inbetriebnahme	Anmerkungen
Maschine I	80.000,00	15.02.2003	bleibt weiter im Betriebsvermögen
Maschine II	120.000,00	20.10.2006	erleidet am 4.8. einen Schadensfall und ist auszuscheiden.
Maschine III	90.000,00	25.09.2009	ist außerplanmäßig auf EUR 52.000,00 abzuschreiben.
Maschine IV	wird am 5.11.2010 um EUR 150.000,00 + 20 % USt zugekauft. Nachträglich wird ein Rabatt von 15 % auf den Kaufpreis gewährt. Für die Zustellung und Montage werden EUR 5.500,00 + 20 % USt überwiesen. Die Maschine wird am 10.11.2010 in Betrieb genommen.		

für 2011

Maschine	Anschaffungswert netto	Datum der Inbetriebnahme	Anmerkungen
Maschine I	80.000,00	15.02.2003	wird am 2.4. um EUR 5.000,00 verkauft
Maschine III	90.000,00	10.11.2009	die im Vorjahr vorgenommene außerplanmäßige Abschreibung ist rückgängig zu machen.
Maschine IV		10.11.2010	bleibt weiter im Betriebsvermögen
Maschine V	wird am 5.4.2011 um EUR 100.000,00 + 20 % USt gekauft und 8 Tage später abzüglich 3 % Skonto bezahlt. Für die Zu- und Aufstellung wurden EUR 8.000,00 + 20 % USt extra in Rechnung gestellt.		

Anlagenspiegel für 2010*)

Anschaffungs- bzw. Herstellungskosten zu Beginn des Geschäftsjahres	Zugänge	Abgänge	kumulierte Abschreibungen	Buchwert zum Jahresende	Buchwert Vorjahr	Jahresabschreibung

*) Beachten Sie bitte: Spalten, die nicht benötigt werden (Umbuchungen, Zuschreibungen), haben wir weggelassen.

Berechnungen:

Anlagenspiegel für 2011*)

Anschaffungs- bzw. Herstellungskosten zu Beginn des Geschäftsjahres	Zugänge	Abgänge	Zuschreibungen	kumulierte Abschreibungen	Buchwert zum Jahresende	Buchwert Vorjahr	Jahresabschreibung

*) Beachten Sie bitte: Spalten, die nicht benötigt werden (Umbuchungen), haben wir weggelassen.

Berechnungen:

Einführung in die Buchhaltung im Selbststudium: Übungsteil

Kommentar zu Ü 87:

Da Sie vielleicht zur Lösung dieses Beispiels viele Fragen haben, verweisen wir Sie sofort auf die Lösung. Wir haben detailliert die Berechnungen angegeben und z.T. kommentiert.

Nach Lösungsvergleich

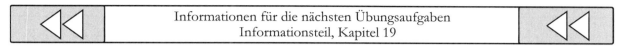

Informationen für die nächsten Übungsaufgaben
Informationsteil, Kapitel 19

Übungen zu 19 – Die steuerliche Behandlung von Kraftfahrzeugen

Übung 88

Wir kaufen am 3.5.2010 von der Firma Czeczelits einen PKW für Firmenzwecke (vgl. Rechnungsausschnitt) gegen sofortige Banküberweisung.
Der PKW wird sofort in Betrieb genommen, Nutzungsdauer des PKW: 8 Jahre.

MONDEO AMBIENTE 5-TUERIG TDCi 110 PS	EUR
Netto-Rechnungsbetrag	19.182,10
8,00 % NOVA – € 300,00 Öko-Bonus	1.234,57
Zwischensumme	20.416,67
20,00 % Mehrwertsteuer	4.083,33
GESAMT Bruttorechnungsbetrag	24.500,00

An Kosten fallen im Laufe des Monats Mai an:

EUR 900,00 + 20 % USt für Garagierung ⎫
EUR 750,00 Versicherung   ⎬ für 1/2 Jahr im Voraus durch Banküberweisung
EUR 206,00 inkl. 20 % USt Tanken, bar. ⎭

Aufgabe:
Verbuchen Sie die Anschaffung des PKW, sowie die im Monat Mai anfallenden Aufwendungen in einer Summe. Ermitteln Sie unterhalb des Kontenrasters die Höhe des Abschreibungsbetrages für 2010.

2700 Kassa

Text	Soll	Haben
Div.	7.500,00	

2800 Bank

Text	Soll	Haben
Div.	38.970,00	

Text	Soll	Haben

Text	Soll	Haben

Berechnung der Abschreibung:

Kommentar zu Ü 88

- Die Anschaffung des PKWs ist wie jeder Anlagenkauf zu verbuchen, jedoch **inkl. USt und inkl. NOVA**. Der Anschaffungswert inkl. USt und NOVA ist die Abschreibungsbasis.
- Die angefallenen Betriebskosten werden alle steuerlich anerkannt und können in voller Höhe **inkl. USt** (KEIN Vorsteuerabzug möglich!) auf dem Aufwandkonto 7320 verbucht werden.
- Da der PKW im 1. Halbjahr angeschafft wurde, kann die Abschreibung für ein ganzes Jahr vorgenommen werden.

Nach Lösungsvergleich ⟶ weiter mit Übung 89

Übung 89

Mit dem als Betriebs-PKW verbuchten Audi A3 sind wir laut Fahrtenbuch 2010 insgesamt 32.160 km gefahren, davon 6.432 km für private Zwecke.

Der PKW wurde am 31.1. 2007 angeschafft und sofort in Betrieb genommen.

Es wird auch unternehmensrechtlich von der steuerrechtlichen Nutzungsdauer ausgegangen.

Anschaffungswert des PKW:

Nettorechnungspreis	EUR	22.000,00
+ 8% NOVA	EUR	1.760,00
	EUR	23.760,00
+ 20% USt	EUR	4.752,00
Gesamtrechnungsbetrag	EUR	28.512,00

Steuerrechtliche Abschreibung zwingend ab 1996 12,5 %.

Betriebsaufwand im Jahr 2010:

Garagierung	EUR	966,00	+ 20 % USt
Tanken:	EUR	1.828,00	+ 20 % USt
Reparaturen:	EUR	1.007,00	+ 20 % USt
Versicherung:	EUR	1.032,00	

Aufgabe:
Ermitteln Sie den Privatanteil und stellen Sie seine Verbuchung als Buchungssatz dar. Alle Aufwendungen wurden bereits in voller Höhe im Hauptbuch verbucht.

Berechnung:

Buchungssatz:

Kommtentar zu Ü 89

ad Abschreibung
Beachten Sie, dass der Gesamtbetrag auf dem Konto PKW aktiviert werden musste. Er stellt die Abschreibungsbasis dar.

ad Privatanteil

$$\frac{\text{Privat-km}}{\text{Gesamt-km}} = \text{Privatanteil} = 0{,}2 \text{ oder } 1/5$$

1/5 der gesamten Betriebskosten (inkl. USt) sowie der Abschreibung sind als Privatanteil zu verbuchen. **Keine** USt!

Nach Lösungsvergleich

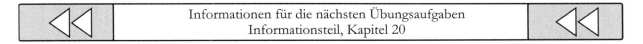

Informationen für die nächsten Übungsaufgaben
Informationsteil, Kapitel 20

Übungen zu 20 – Forderungsausfälle und Forderungsbewertung

Übung 90

Am 31.12.20.. beträgt der

Gesamtstand an Forderungen (inkl. 20 % USt)		EUR	600.000,00
In diesem Betrag sind enthalten			
-	Forderung an Müller (Konkursquote mit 10 % festgesetzt)	EUR	42.000,00
-	Forderung an Huber (außergerichtlicher Vergleich, wir verzichten auf 40% unserer Forderung)	EUR	24.000,00
-	Forderung an Schneider (ergebnislos gepfändet, wir scheiden die Forderung daher aus)	EUR	12.000,00
-	Forderung an Berger (mehrmals erfolglos gemahnt, wir rechnen mit einem Ausfall von 50 %	EUR	6.000,00

Aus dem Konto 2080 ersehen Sie den Stand der Einzel-Wertberichtigung aus dem Vorjahr.

Aufgaben:

- Errechnen Sie in übersichtlicher Form auf einem eigenen Blatt die Höhe der Berichtigungen bzw. der Ausfälle.
- Verbuchen Sie diese Tatbestände auf den untenstehenden Hauptbuchkonten. Da die Personenkonten nicht dargestellt sind, haben alle Korrekturbuchungen hier direkt auf dem Hauptbuchsammelkonto zu erfolgen. Das Konto 2000 und das Wertberichtigungskonto sind abzuschließen. Die Abschlusskonten sind nicht darzustellen.
- Geben Sie unter dem Kontenschema an, welche Buchungen auf den Personenkonten zu erfolgen hätten.

2000 Lieferforderungen

Dat.	Text	Soll	Haben
31.12.	Ü 1 - 12	960.000,00	360.000,00

3500 Umsatzsteuer

Dat.	Text	Soll	Haben
31.12.	Div.	247.000,00	316.000,00

Dat.	Text	Soll	Haben

2080 Einzelwertberichtigungen

Dat.	Text	Soll	Haben
1.1.	9800		50.000,00

Dat.	Text	Soll	Haben

Dat.	Text	Soll	Haben

Kommentar zu Übung 90

- Teilweise auszuscheiden sind die Forderungen an Müller und Huber. In beiden Fällen steht der Ausfall fest, d.h. hier kann auch die USt korrigiert werden. Der ausgefallene Teil der Forderungen ist auszuscheiden. Die Forderung an Schneider ist mit dem Gesamtbetrag auszuscheiden.
  Die Buchung erfolgt hier auf dem Hauptbuchsammelkonto, selbstverständlich müsste der Ausfall auch auf den Personenkonten verbucht werden. D. h. die Buchungen für diese drei Kunden sollten Sie unterhalb des Kontenschemas angeführt haben.

- Einzeln wertzuberichtigen ist nur die Forderung an Berger (mit 50 %). In diesem Fall ist der genaue Ausfall noch nicht belegt, daher kann nur eine Wertberichtigung vom Nettobetrag gebildet werden.
  Am Konto 2080 ist der Stand aus dem Vorjahr zu hoch. Ein Teil der Wertberichtigung ist daher gewinnerhöhend aufzulösen.

Sollten Sie bei der Verbuchung dieser Berichtigung bzw. der Ausfälle noch Schwierigkeiten haben, arbeiten Sie bitte nochmals Kapitel 20 im Informationsteil durch.

Nach Lösungsvergleich ⎯⎯⎯⎯▶ weiter mit Übung 91

Einführung in die Buchhaltung im Selbststudium: Übungsteil Ü 91

Übung 91

Gesamtstand der Forderungen	EUR 700.000,00
davon:	
– Forderungen inkl. 10 % USt	EUR 220.000,00
– Forderungen inkl. 20 % USt	EUR 480.000,00
Stand der Forderungswertberichtigung	
– Inland-Einzelwertberichtigungen	EUR 12.000,00
In den Inlandsforderungen sind enthalten:	
– Forderung an Sandler inkl. 10 % USt	EUR 8.800,00
(Der Konkurs wurde eröffnet, wir rechnen mit einer Quote von 10 %)	
– Forderung an Gratisberger inkl. 20 % USt	EUR 10.800,00
(Das Insolvenzverfahren wurde von Gläubigern eingeleitet. Wir rechnen mit einem Ausfall von 80%)	
– Forderung an Travnicek inkl. 20 % USt	EUR 6.000,00
Wir haben einen außergerichtlichen Nachlass von 30 % gewährt (Beleg liegt vor)	

Aufgaben:

- Berechnen Sie in übersichtlicher Form auf einem Extrablatt die Höhe der Wertberichtigungen bzw. Ausfälle (getrennt nach den einzelnen Forderungsarten bzw. Wertberichtigungen)
- Stellen Sie deren Verbuchung in Form von Buchungssätzen dar. Sie können bei der Darstellung der Buchungssätze die im Band I übliche Form oder die für AMC I erforderliche Form wählen. Wenn Sie die Variante nach AMC I wählen, geben Sie in der letzten Spalte auch die Auswirkung auf den Gewinn an.

Kto.Nr.	Kontobezeichnung	Soll	Haben

Soll-Konto	Haben-Konto	Betrag	Auswirkung Gewinn

Kommentar zu Ü 91

- Sollten Sie bei dem Ausscheiden von Forderungen bzw. bei der Berechnung und Buchung der Einzelwertberichtigungen noch Schwierigkeiten haben – lesen Sie nochmals den Kommentar zu Ü 90.
- Beachten Sie jedoch: die Forderungen enthalten unterschiedliche USt-Sätze!

Nach Lösungsvergleich ⟶ weiter mit Übung 92

Übung 92

Am Jahresende, jedoch vor der Bewertung der Forderungen, aber nach dem Übertrag der bisherigen Dezembersummen der Personenkonten auf das Hauptbuchsammelkonto ergibt sich folgendes Bild:

Auszug aus den Kundenkonten:

20003 Karl Berger

Dat.	Text	Soll	Haben
14.4.	4000,3500	48.000,00	

20007 Franz Falsch

Dat.	Text	Soll	Haben
28.5.	4000,3500	72.000,00	

20010 Rudolf Unlust

Dat.	Text	Soll	Haben
17.3.	4000,3500	120.000,00	

Dat.	Text	Soll	Haben

Hauptbuchkonten:

2000 Inlandsforderungen (Sammelkonto)

Dat.	Text	Soll	Haben
	Ü 1 - 12	1,200.000,00	660.000,00

2080 Einzel-WB zu Inlandsforderungen

Dat.	Text	Soll	Haben
1.1.	9800		35.000,00

3500 Umsatzsteuer

Dat.	Text	Soll	Haben
	Div.	200.000,00	270.000,00

Dat.	Text	Soll	Haben

Dat.	Text	Soll	Haben

Dat.	Text	Soll	Haben

Nebenrechnungen:

Tatbestände für die Forderungsbewertung:

Alle Forderungen enthalten 20% USt.

(1) Unser Kunde Berger hat seine Zahlungen eingestellt. Wir rechnen mit einem Ausfall unserer Forderung in Höhe von 60%.

(2) Über das Vermögen des Kunden Falsch ist das Konkursverfahren eingeleitet worden. Wir rechnen mit einem Ausfall von 90%.

(3) Dem Sanierungsplan unseres Kunden Unlust mit einer Quote von 30 % wurde zugestimmt. In diesem Zusammenhang wurde noch keine Buchung vorgenommen.

Aufgaben:

- Ermitteln Sie in übersichtlicher Form unterhalb der Konten den Stand per 31.12. des Kontos 2080. Beachten Sie: Nebenrechnungen sind auch in Prüfungsbeispielen zumindest ansatzmäßig übersichtlich darzustellen.
- Stellen Sie alle Buchungen im Zusammenhang mit diesen Forderungsbewertungen auf den obigen Konten dar. Schließen Sie die Hauptbuchkonten ab. Die Abschlusskonten sind nicht darzustellen.

Kommentar zu Übung 92

- Zu den Nettoforderungen von Berger und Falsch ist eine Einzel-WB zu bilden bzw. die vorhandene entsprechend zu verändern.
- Ein Teil der Forderung an Unlust ist auszuscheiden (tatsächlicher Ausfall), d.h. dieser Teil ist vom Personenkonto wegzubuchen. Auch die USt ist entsprechend zu korrigieren.

Nach Lösungsvergleich

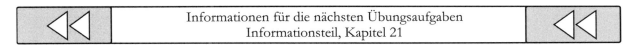

Informationen für die nächsten Übungsaufgaben
Informationsteil, Kapitel 21

Übungen zu 21 – Rechnungsabgrenzungen

Übung 93

Geben Sie bitte den Buchungssatz für folgenden Tatbestand am 31.12. an:
Für unsere Wertpapiere erhalten wir am 1.2. nächsten Jahres Zinsen in der Höhe von EUR 18.000,00 abzüglich 25 % KESt für ein halbes Jahr im Nachhinein.

Buchungssatz:

Kommentar zu Übung 93

Wir haben für unsere Wertpapiere Zinsen zu fordern.
5 Monate des zu erwartenden Zinsertrages (abzüglich KESt) fallen in das Abschlussjahr.

Nach Lösungsvergleich ———▶ weiter mit Übung 94

Übung 94

Wir zahlen die Versicherungsprämie für die Feuerversicherung jeden 1.10. für 1 Jahr im Voraus.
EUR 3.600,00, Banküberweisung.

Aufgabe:

Bitte stellen Sie
- die Verbuchung der Zahlung am 1.10.,
- die Abgrenzung am 31.12. und
- die sich aus diesem Fall ergebende Buchung im Folgejahr

in Form von Buchungssätzen dar. Beim Rechnungsabgrenzungskonto sind sowohl der Abschluss als auch die Eröffnung darzustellen.

Sie können bei der Darstellung der Buchungssätze die im Band I übliche Form oder die für AMC I erforderliche Form wählen. Wenn Sie die Variante nach AMC I wählen, geben Sie in der letzten Spalte auch die Auswirkung auf den Gewinn an.

Dat.	Kontonummer, Kontobezeichnung	Soll	Haben

Dat.	Soll-Konto	Haben-Konto	Betrag	Auswirkung Gewinn

Einführung in die Buchhaltung im Selbststudium: Übungsteil   Ü 95-96

Kommentar zu Ü 94

Wir weisen am 31.12. einen zu hohen Aufwand auf Konto 7700 aus. Dieser Aufwand ist in die Folgeperiode zu übertragen. Wir können diesen Übertrag mit Hilfe des Kontos „2900 Aktive Rechnungsabgrenzung" durchführen.

Nach Lösungsvergleich ────▶ weiter mit Übung 95

Übung 95

Am 28.2. werden diese Zinsen in Höhe von EUR 3.000,00 unserem Bankkonto gutgeschrieben. Wir erhalten diese Zinsen für ein von uns gewährtes Darlehen für 3 Monate im Nachhinein. Am 31.12. wurde der Zinsertrag periodenrein ausgewiesen.

Aufgabe:

Bitte stellen Sie alle Buchungen im Zusammenhang mit
- der Eröffnung des Kontos „Sonstige Forderungen" und
- mit dem Erhalt der Zinsen

auf den untenstehenden Konten dar.

Dat.	Text	Soll	Haben

Dat.	Text	Soll	Haben

Dat.	Text	Soll	Haben

Kommentar zu Ü 95

Das Konto „Sonstige Forderungen" ist mit EUR 1.000,00 zu eröffnen, das ist der Zinsertrag, der im Vorjahr noch einzubuchen war. (Wir erhalten am 28.2. EUR 3.000,00 für 3 Monate, d.h. ein Monat betraf das Vorjahr).
Die Forderung ist erst zum Zeitpunkt der Zahlung aufzulösen.

Nach Lösungsvergleich ────▶ weiter mit Übung 96

Übung 96

Auszug aus dem Darlehensvertrag:
- Darlehenssumme: EUR 100.000,00, endfällig
- Datum der Zuteilung: 1.7.2008
- Laufzeit 5 Jahre, endfällig
- Gebühren und Provisionen, fällig bei Darlehensaufnahme, EUR 3.000,00
- Fixzinssatz 6 % p.a., zahlbar jeweils am 1.8. und 1.2. im Nachhinein.

Aufgaben:
- Stellen Sie die Buchung am 31.12. 2010 dar, die für den richtigen Ausweis der Darlehenszinsen erforderlich ist. Schließen Sie alle Konten ab. Die Abschlusskonten sind jedoch nicht darzustellen.
- Geben Sie unterhalb der Konten jenen Betrag an, der 2010 bedingt durch die Geldbeschaffungskosten den steuerlichen Gewinn verringert.

8290 Zinsaufwand für Darlehen

Dat.	Text	Soll	Haben
1.2.	2800	500,00	
1.8.	2800	3.000,00	

3150 Darlehen

Dat.	Text	Soll	Haben
1.1.	9800		100.000,00

Dat.	Text	Soll	Haben

Dat.	Text	Soll	Haben

Die Geldbeschaffungskosten verringern im Jahr 2010 den steuerpflichtigen Gewinn um EUR _____.

Kommentar zu Ü 96:

Abgrenzung der Zinsen

Wir sind Darlehenszinsen schuldig, d.h. wir müssen die Zinsen für die noch offenen 5 Monate als sonstige Verbindlichkeit ausweisen. Beachten Sie, am Konto Zinsaufwand müssen als Saldo die Jahreszinsen aufscheinen.

Geldbeschaffungskosten

Die Geldbeschaffungskosten müssen steuerlich über die Laufzeit des Darlehens aufgeteilt werden, d.h. im Jahr 2010 verringert sich der steuerpflichtige Gewinn um EUR 600,00.

Nach Lösungsvergleich ────▶ weiter mit Übung 97

Übung 97

Wir zahlen die Geschäftsmiete auf Grund der Rechnung vom 1.12.20.. für 3 Monate im Voraus bar.
Miete für die Zeit vom 1.12. – 1.3. EUR 9.000,00 + 20 % USt.

Aufgabe:

Stellen Sie auf Konten die Zahlung der Miete am 1.12., die Verbuchung der Vorsteuer und die Abgrenzung per 31.12. dar. Das Kassakonto ist nicht darzustellen.
Die verwendeten Konten sind am 31.12. abzuschließen. Die Abschlusskonten sind nicht darzustellen.

Dat.	Text	Soll	Haben

Dat.	Text	Soll	Haben

Einführung in die Buchhaltung im Selbststudium: Übungsteil Ü 98

Dat.	Text	Soll	Haben

Dat.	Text	Soll	Haben

Kommentar zu Ü 97

Die Vorsteuer kann am Ende des Monats, in dem die Zahlung erfolgt ist, beim Finanzamt geltend gemacht werden. Der Netto-Mietaufwand selbst ist für 2 Monate abzugrenzen.

Nach Lösungsvergleich ⟶ weiter mit Übung 98

Übung 98

Wir vermieten Wohnungen in unserem Bürogebäude und erhalten am 2.11. auf Grund der mit diesem Datum ausgestellten Rechnung EUR 16.500,00 (inkl. 10 % USt) Miete bar für 3 Monate im Voraus.

Aufgabe:

Stellen Sie
- den Erhalt der Mietzahlung
- die Verbuchung der USt
- sowie die Umbuchung am 31.12.

in Form von Buchungssätzen dar.

Setzen Sie Ihre Darstellung für den Jänner des Folgejahres fort. Abschluss- und Eröffnungsbuchungen sind **nicht** darzustellen.

Sie können bei der Darstellung der Buchungssätze die im Band I übliche Form oder die für AMC I erforderliche Form wählen. Wenn Sie die Variante nach AMC I wählen, geben Sie in der letzten Spalte auch die Auswirkung auf den Gewinn an.

Dat.	Kontonummer, Kontobezeichnung	Soll	Haben

Datum	Soll-Konto	Haben-Konto	Betrag	Auswirkung Gewinn

Kommentar zu Ü 98

Die Umsatzsteuerschuld entsteht am Ende des Monats, in dem die Zahlung eingeht.
Die Mietabgrenzung stellt ein passives Transitorium dar.

Nach Lösungsvergleich

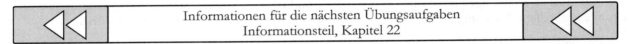

Informationen für die nächsten Übungsaufgaben
Informationsteil, Kapitel 22

Übungen zu 22 – Rückstellungen

Übung 99

Wir bilden am 31.12. für einen laufenden Schadenersatzprozess eine Rückstellung in der Höhe von EUR 80.000,00 für den Fall, dass wir verurteilt werden. Außerdem ist eine Rückstellung für Rechts- und Beratungskosten in der Höhe von EUR 20.000,00 zu bilden.

Am 10.4. des Folgejahres schließen wir einen Vergleich. Wir zahlen an den Gegner EUR 50.000,00 Schadenersatz (Überweisung am 11.4.) und tragen die vollen Rechtsanwaltskosten. Die Honorarnote des Rechtsanwaltes trifft am 13.4. ein: EUR 30.000,00 + 20 % USt, wir überweisen sofort.

Am 31.12. ist die Honorarnote des Rechtsanwaltes für den Vertragsabschluss für einen Grundstückskauf, der in diesem Jahr durchgeführt wurde, noch ausständig. Wir schätzen eine Honorarforderung in Höhe von EUR 4.000,00 + 20 % USt.

Aufgaben:

o Stellen Sie im Abschlussjahr die Rückstellungs- und Aufwandkonten dar und schließen Sie diese Konten ab. Auf die Darstellung der Abschlusskonten ist zu verzichten.
o Eröffnen Sie im Folgejahr die Rückstellungskonten. Das Eröffnungsbilanzkonto ist nicht darzustellen.
o Stellen Sie die beiden Überweisungen als laufende Buchungen dar.
o Lösen Sie am 31.12. entsprechend die Rückstellungskonten auf.
o Bilden Sie die für die Abwicklung des Grundstückskaufes erforderliche Rückstellung zum 31.12.
o Die verwendeten Konten sind nicht abzuschließen.

Konten des Abschlussjahres

Dat.	Text	Soll	Haben

Dat.	Text	Soll	Haben

Dat.	Text	Soll	Haben

Dat.	Text	Soll	Haben

Konten des Folgejahres

2800 Bank

Dat.	Text	Soll	Haben
	Div.	100.000,00	

Dat.	Text	Soll	Haben

Dat.	Text	Soll	Haben

Dat.	Text	Soll	Haben

Dat.	Text	Soll	Haben

Dat.	Text	Soll	Haben

Dat.	Text	Soll	Haben

Dat.	Text	Soll	Haben

Kommentar zu Ü 99

ad Bildung:
Sowohl die eventuelle Schadenersatzzahlung als auch die Prozesskosten sind Aufwände, deren Entstehung das Abschlussjahr betreffen. Sie sind daher als solche gewinnmindernd auszuweisen (Klasse 7). In der Bilanz ist in beiden Fällen ein Passivposten vorzusehen (Klasse 3).

ad Eröffnung im Folgejahr:
Eröffnet werden nur die Bestandskonten, also die beiden Rückstellungskonten.

ad Überweisung:
Hier sollten Sie keine Schwierigkeiten haben!
Gehen Sie davon aus, dass „normale" Zahlungen vorliegen. Sie wissen nicht, dass es Rückstellungen für diese Posten gibt.

ad Auflösung der Rückstellungskonten am 31.12.:
Die **Rückstellung für Schadenersatzzahlungen** wurde **zu hoch** gebildet. Der benötigte Teil wird am 31.12. gegen das entsprechende Aufwandkonto aufgelöst (die eigentliche Aufwandbuchung betraf ja das Vorjahr). Jener Betrag, mit dem die Rückstellung zu hoch dotiert war, ist heuer **als betrieblicher Ertrag** auszuweisen.

Die **Rückstellung für Rechts- und Beratungsaufwand** wurde **zu niedrig** gebildet, d.h. neben dem Aufwand aus dem Vorjahr ist heuer **noch ein zusätzlicher Aufwand** hinzugekommen. Durch die Auflösung des Rückstellungskontos gegen das Aufwandkonto scheint in der heurigen G+V-Rechnung nur der Mehraufwand auf.

ad Neubildung der Rückstellung am 31.12.:
Wir hoffen, Sie haben daran gedacht, dass die Rückstellung immer nur für den geschätzten Nettoaufwand zu bilden ist.

Nach Lösungsvergleich

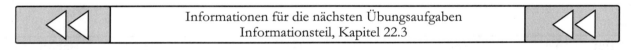

Informationen für die nächsten Übungsaufgaben
Informationsteil, Kapitel 22.3

Übungen zu 23.3 – Kapitalrücklagen
zu 23.4 – Gewinnrücklagen

Übung 100

Die Omega AG stockt im Mai 2010 ihr Grundkapital von EUR 2.000.000,00 auf EUR 3.000.000,00 durch Ausgabe von 10.000 Aktien zum Nennwert von EUR 100,00 auf. Der Ausgabekurs wird mit EUR 115,00 festgesetzt.

Aufgabe 1:
Geben Sie den Buchungssatz für die Erhöhung des Grundkapital und der Bildung der gebundenen Kapitalrücklage an. Der Kaufpreis wird dem Bankkonto gutgeschrieben.

Im Jahr 2012 erwirtschaftet die Omega AG einen Verlust in Höhe von EUR 456.300,00. An gesetzlicher Rücklage sind EUR 245.300,00 vorhanden.

Es wird beschlossen, zur Verlustabdeckung nicht nur die gesetzliche Rücklage aufzulösen, sondern auch die gebundene Kapitalrücklage.

Aufgabe 2:

Geben Sie sowohl den Buchungssatz für die Auflösung der gesetzlichen Rücklage als auch jenen für die Auflösung der gebundenen Kapitalrücklage an.

Kommentar zu Ü 100

ad Aufgabe 1: Das Agio, d.h. jener Betrag, den die Aktionäre mehr als den Nennwert beim Kauf zu bezahlen haben, muss einer gebundenen Kapitalrücklage zugeführt werden.

ad Aufgabe 2: Sowohl die Auflösung der gesetzlichen Rücklage als auch die Auflösung der gebundenen Kapitalrücklage bedeutet eine Ertragsbuchung. In beiden Fällen sind diese Buchungen steuerneutral.

Nach Lösungsvergleich ⟶ weiter mit Übung 101

Übung 101

Die Bitterlich AG hat ein Grundkapital von EUR 2,500.000,00, zerlegt in 100.000 Aktien.

Gebundene Kapitalrücklage per 1.1.	EUR 40.500,00
Gesetzliche Rücklagen per 1.1.	EUR 144.648,00
Satzungsmäßige Rücklage per 1.1.	EUR 80.000,00
Verlustvortrag	EUR 3.128,00
Jahresüberschuss	EUR 132.730,00

In diesem Jahr gab es keine Zuweisung oder Auflösung von unversteuerten Rücklagen.

Auszug aus der Satzung:
Vom Jahresüberschuss sind nach Zuweisung zur gesetzlichen Rücklage so lange 10 % einer Rücklage zuzuweisen, bis 15 % des Grundkapitals erreicht sind. Sowohl der Betrag der Zuweisung zur gesetzlichen als auch jener zur satzungsmäßigen Rücklage ist auf Ganze zu runden.

Aufgaben:

o Ermitteln Sie den Betrag, der der gesetzlichen Rücklage zuzuweisen ist und geben Sie den Buchungssatz für die Zuweisung im Raster an.

o Ermitteln Sie den Betrag, der der satzungsmäßigen Rücklage zugewiesen werden kann. Stellen Sie diese Zuweisung in Form eines Buchungssatzes im Raster dar.

Soll-Konto	Haben-Konto	Betrag	Auswirkung Gewinn

Variante:

Gehen Sie davon aus, dass EUR 100.000,00 an gebundener Kapitalrücklage vorhanden ist. Wie hoch ist in diesem Fall der Betrag, der der gesetzlichen Rücklage zuzuführen ist?

Kommentar zu Ü 101

ad gesetzliche Rücklage

Berechnen Sie die Höhe der heuer zu bildenden gesetzlichen Rücklage und vergleichen Sie diesen Betrag mit dem Gesamtbetrag der bereits zur Verlustabdeckung vorhandenen Rücklagen und den erforderlichen 10 % des Grundkapitals.

ad satzungsmäßige Rücklage

Vergessen Sie nicht, der um die Zuweisung zur gesetzlichen Rücklage und den Verlustvortrag verminderte Jahresüberschuss stellt die Basis für die Berechnung der satzungsmäßigen Rücklage dar.

Nach Lösungsvergleich

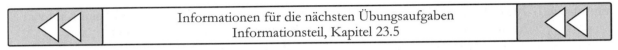

Informationen für die nächsten Übungsaufgaben
Informationsteil, Kapitel 23.5

Übung 102

Eine Spezialmaschine, Anschaffungswert EUR 110.000,00, Anschaffungsdatum 10.7.2006 (= Datum der Inbetriebnahme), 10 % p.a. planmäßige Abschreibung, Verbuchung der Abschreibung direkt,

erleidet am 7.3.2010 einen Bruch und ist auszuscheiden.

Wir führen mit dem Herstellerwerk einen Schadenersatzprozess und erhalten am 16.8.10 von deren Versicherung eine Banküberweisung über EUR 80.000,00.

Wurde eine stille Reserve aufgedeckt, ist diese am 31.12. einer Rücklage gem. § 12 EStG zuzuweisen, da 2010 keine Anlage angeschafft wurde.

Aufgabe:

Bitte stellen Sie diesen Geschäftsfall auf den untenstehenden Konten dar.
Das Maschinenkonto ist per 1.1.2010 zu eröffnen. Ermitteln Sie den entsprechenden Buchwert.

Scheiden Sie die Maschine aus, verbuchen Sie den Schadenersatz und die Bildung der Rücklage.

Die verwendeten Konten sind dem Kontenplan entsprechend zu benennen und zu nummerieren. Bei jeder Buchung sind Datum und Anruf des Gegenkontos anzuführen.

Dat.	Text	Soll	Haben

Dat.	Text	Soll	Haben

Dat.	Text	Soll	Haben

Dat.	Text	Soll	Haben

Dat.	Text	Soll	Haben

Dat.	Text	Soll	Haben

Dat.	Text	Soll	Haben

Dat.	Text	Soll	Haben

Kommentar zu Ü 102

ad Eröffnung des Maschinenkontos per 1.1.2010

Berechnung des Buchwertes:
Anschaffungswert   EUR   110.000,00
– 35 % Afa (3 ½ Jahre)   EUR   38.500,00
Buchwert per 1.1.2010   EUR   71.500,00

ad Ausscheiden der Maschine:

Sollten Sie noch oder wieder Probleme beim Ausscheiden von Anlagen haben, so müssten Sie nochmals Informationsteil, Kapitel 18.4.4, durcharbeiten.

ad Zahlung des Schadenersatzes:

Der gesamte Schadenersatz ist als Erlös zu verbuchen.

ad Bildung der Rücklage:

Die Rücklage kann in Höhe der Differenz zwischen

Zahlung der Versicherung   EUR   80.000,00
– Buchwert beim Ausscheiden   EUR   66.000,00
das sind   EUR   14.000,00

gebildet werden.
Die Versicherung des Maschinenherstellers hat einen höheren Schadenersatz geleistet, als es dem tatsächlichen Schaden entsprach. Dieser Gewinn ist durch die Bildung der Rücklage nicht zu versteuern. Beachten Sie jedoch: die Rücklage muss innerhalb der nächsten 24 Monate (ab Ausscheiden der Spezialmaschine) auf ein Anlagegut als Bewertungsreserve übertragen werden.

Nach Lösungsvergleich ⟶ weiter mit Übung 103

Übung 103

Am 14.6.2010 wird ein LKW um EUR 120.000,00 + 20 % USt angeschafft. 1/3 des Kaufpreises zahlen wir sofort bar, den Rest am 14.8. durch Banküberweisung. Lieferant: LKW Handel Schiller (33099)
Aus dem Vorjahr ist eine Übertragungsrücklage in Höhe von EUR 30.000,00 vorhanden. Diese Rücklage wird auf Grund der Versicherungszahlung für eine durch Bruch ausgeschiedene Spezialdrehbank am 2.3.2009 gebildet.

Ü 103

Aufgaben:

(1) Bilden Sie bitte im untenstehenden Raster die Buchungssätze für
- die LKW-Anschaffung
- die Übertragung der Rücklage gem. § 12 EStG, falls eine Übertragung der vorhandenen Rücklage auf diesen LKW möglich ist.

Dat.	Kontonummer, Kontobezeichnung	Soll	Haben

(2) Der LKW hat eine voraussichtliche Nutzungsdauer von 5 Jahren.

Der LKW wird am 19.6. zugelassen und damit in Betrieb genommen.

Die Abschreibung ist direkt zu verbuchen.

Stellen Sie alle Buchungssätze am 31.12. dar, d.h. für
- die Abschreibung,
- jene Buchung, die im Zusammenhang mit der Übertragung der Rücklage gem. § 12 EStG steht.

Dat.	Kontonummer, Kontobezeichnung	Soll	Haben

Kommentar zu Ü 103

ad Aufgabe (1)
Diese Rücklage kann auf den LKW in Form einer Bewertungsreserve übertragen werden. Sowohl die Spezialdrehbank als auch der LKW sind körperliche Wirtschaftsgüter. Da das Ausscheiden durch höhere Gewalt erfolgte, beträgt die Übertragungsfrist 24 Monate.

ad Aufgaben (2)
Abzuschreiben sind 20 % vom Anschaffungswert.
Die Bewertungsreserve ist verteilt auf die Nutzungsdauer des LKW aufzulösen, d.s. ebenfalls 20 %.

Nach Lösungsvergleich ⟶ weiter mit Übung 104

Übung 104

Am 31.12.2010 sind in der Maschinenfabrik Franz Klein (Einzelunternehmen) folgende Rücklagen vorhanden:

9400 Bewertungsreserve   EUR 16.800,00

Diese Bewertungsreserve in der ursprünglichen Höhe von EUR 24.000,00 wurde 2007 auf eine neu angeschaffte Maschine übertragen. Nutzungsdauer dieser Maschine 10 Jahre.

9520 RL gem § 12 EStG aus 2008 EUR 64.000,00

Die Maschinenfabrik musste am 10.10.2008 einen Teil des Grundstückes zwangsweise an die Gemeinde abtreten. Die obige Rücklage resultiert aus diesem Geschäftsfall.

9521 RL gem § 12 EStG aus 2009 EUR 32.000,00

Diese Rücklage wurde am 4.6.2009 anlässlich des Verkaufs einer Produktionsmaschine gebildet. 2009 wurden keine neuen Anlagen angeschafft.

2010 wurden folgende Anlagen angeschafft. Diese Anschaffungen wurden bereits verbucht.

04.03:   Ein Grundstück als Lagerplatz um EUR 202.000,00

20.10.:   Eine neue Produktionsmaschine um netto EUR 40.000,00, ND 8 Jahre, sofortige Inbetriebnahme.

Aufgabe:

Geben Sie im untenstehenden Buchungsraster alle erforderlichen Buchungen im Zusammenhang mit dem richtigen Ausweis der Rücklagen per 31.12.2010 an.

Kontonummer, Kontobezeichnung	Soll	Haben

Kommentar zu Ü 104

ad Bewertungsreserve

Sie wissen bereits: die Bewertungsreserve ist analog zur Abschreibung aufzulösen.

ad RL gem. § 12 EStG aus 2008

Diese Rücklage entstand durch das Ausscheiden eines Grundstückes und darf daher wieder auf ein Grundstück übertragen werden. Grundstücke gehören zum nicht abnutzbaren Anlagevermögen. Grundstücke werden nicht abgeschrieben, daher ist auch die Bewertungsreserve nicht aufzulösen. Diese Bewertungsreserve bleibt so lange in ihrer ursprünglichen Höhe bestehen, bis das Grundstück verkauft wird. Da das Abtreten des Grundstückes zwangsweise erfolgte, kann die Übertragung innerhalb von 24 Monaten erfolgen.

ad RL gem. § 12 EStG aus 2009

Diese Rücklage muss in ihrer vollen Höhe erfolgserhöhend aufgelöst werden. Sie kann nicht auf das Grundstück übertragen werden, da nur Rücklagen aus Grundstücken wieder auf Grundstücke übertragen werden können. Umgekehrt wäre es möglich gewesen.

Die Neuanschaffung der Produktionsmaschine ist erst nach Ablauf der Frist von 12 Monaten erfolgt, sodass diese Rücklage nicht auf diese neue Maschine übertragen werden kann.

Sollten Sie noch zusätzliche Probleme bei diesem Beispiel haben, arbeiten Sie nochmals die Kapitel 23.5.1 im Informationsteil durch.

Nach Lösungsvergleich

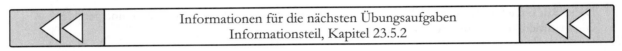

Informationen für die nächsten Übungsaufgaben
Informationsteil, Kapitel 23.5.2

Übungen zu 23.5.2 – Bewertungsreserve geringwertiger Wirtschaftsgüter

Übung 105

2010 haben wir unsere Vertreter und Monteure neu ausgestattet und insgesamt geringwertige Wirtschaftsgüter mit einem Nettoanschaffungswert von EUR 85.600,00 bezogen.
Die Abschreibung aller anderen Wirtschaftsgüter beläuft sich auf EUR 68.730,00.

In der Summe von EUR 85.600,00 sind u.a. 50 Werkzeugsets zum Preis von EUR 240,00 + 20 % USt pro Stück enthalten, die am 4.2.2010 wie folgt verbucht wurden:

7040 Geringwertige Wirtschaftsgüter	EUR 12.000,00	
2500 Vorsteuer	EUR 2.400,00	
an 2800 Bank		EUR 14.400,00

Diese Werkzeugsets haben eine Nutzungsdauer von 3 Jahren.

Aufgaben:

o Geben Sie den Buchungssatz für die Aktivierung dieser Werkzeugsets an.
o Ermitteln und verbuchen Sie die Abschreibung für 2010.
o Stellen Sie alle Buchungen im Jahr 2010 im Zusammenhang mit der Bewertungsreserve dar.

Kontonummer, Kontobezeichnung	Soll	Haben

Kommentar zu Ü 105

Durch die Aktivierung ginge der Vorteil der Gewinnverminderung durch § 13 EStG verloren. Der Gewinn würde um EUR 12.000,00 erhöht. Als Ausgleich bilden Sie in gleicher Höhe eine Bewertungsreseve – diese Buchung ist gewinnmindernd.

Da die Abschreibung, die Sie berechnen und verbuchen ebenfalls gewinnmindernd ist, brauchen Sie eine gewinnerhöhende Buchung. Sie lösen entsprechend der Abschreibung einen Teil der Wertberichtigung auf.

Nach Lösungsvergleich

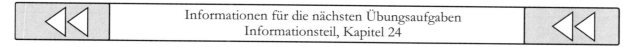

Informationen für die nächsten Übungsaufgaben
Informationsteil, Kapitel 24

Übungen zu 24 – Bilanzierung von Forderungen und Verbindlichkeiten in fremder Währung

Übung 106

Verbuchen Sie bitte folgenden Import zu Tageskursen.
Rasper verbucht die Zukäufe sofort als Aufwand.

17.11. Die Firma Backhausen importiert von der Hadland-Glasfabrik in Norwegen, 33724, Glaswaren im Wert von NOK 20.000,00.   Kurse: Valuten: 7,9150 / 8,2150
                                                              Devisen: 8,0690 / 8,0970

18.11. Die Firma Backhausen überweist die EUSt in Höhe von EUR 498,60.

25.11. Die Versicherungs- und Frachtkosten für diese Glaswaren betragen EUR 450,00 und werden sofort überwiesen.

10.12. Backhausen leistet eine Teilzahlung durch Banküberweisung: NOK 15.000,00.
Die Bank rechnet zum Kurs von 8,0850 um. An Spesen werden EUR 30,00 verrechnet.

31.12. Die Restschuld ist zu bilanzieren. Kurs am Bilanzstichtag Valuten: 7,9050 / 8,2050
                                                               Devisen: 8,0490 / 8,0770

Das Konto 3370 und das Konto 7818 sind abzuschließen.

2800 Bank

Dat.	Text	Soll	Haben	Dat.	Text	Soll	Haben
	Div.	50.000,00					

Dat.	Text	Soll	Haben	Dat.	Text	Soll	Haben

Dat.	Text	Soll	Haben

Dat.	Text	Soll	Haben

Dat.	Text	Soll	Haben

Dat.	Text	Soll	Haben

Kommentar zu Ü 106

ad 17.11.: Die Entstehung der Verbindlichkeit bzw. des Wareneinkaufs wird zum Devisenverkaufskurs verbucht.

ad 18.11.: Die EUSt kann als Forderung gegenüber dem Finanzamt ausgewiesen werden.

ad 25.11.: Hier handelt es sich um Transport- und Versicherungskosten im Zusammenhang mit einem Wareneinkauf, daher sind diese Kosten am Konto 5010 zu buchen.

ad 10.12.: Die Bank rechnet zum Tageskurs am 10.12. um.
Die Verbindlichkeit ist mit dem Entstehungskurs ausgewiesen und daher mit diesem Kurs aus dem Personenkonto auszubuchen. Die Differenz zwischen beiden Kursen wird am Konto FW-Kursgewinne verbucht. Mit den Spesen („Spesen des Geldverkehrs") wird das Bankkonto zusätzlich belastet.

ad 31.12.: Am Bilanzstichtag ist der Entstehungskurs mit dem Kurs am Bilanzstichtag zu vergleichen. Müssten wir per 31.12. mehr bezahlen, ist dieser Betrag in die Bilanz aufzunehmen (Höchstwertprinzip bei Verbindlichkeiten!).
Die Aufwertung erfolgt direkt auf dem Personenkonto. Der aufgewertete Betrag wird auf das Hauptbuchsammelkonto übertragen.

Nach Lösungsvergleich ⟶ weiter mit Übung 107

Übung 107

21.10.: Export von Maschinenersatzteilen nach Toronto, an S.Seigner (21512) um CAD 24.000,00
Kurse 1,3166 / 1,3334 CAD 10.000,00 zahlbar am 21.11., Rest zahlbar am 21.1.

27.11.: Der Kontoauszug zeigt die Gutschrift, die Bank hat die CAD 10.000,00 zum Kurs von 1,3204 umgerechnet und unser Konto mit EUR 72,00 an Spesen belastet.

31.12.: Kurse 1,3276 / 1,3454
Die noch offene Forderung ist entsprechend zu bewerten und gegen SBK auszuweisen.

21512 S. Seigner, Toronto

Dat.	Text	Soll	Haben

2150 FW-Forderungen, sonst. Ausland

Dat.	Text	Soll	Haben

Dat.	Text	Soll	Haben

Dat.	Text	Soll	Haben

Dat.	Text	Soll	Haben

Dat.	Text	Soll	Haben

Dat.	Text	Soll	Haben

Dat.	Text	Soll	Haben

Kommentar zu Ü 107

Auf folgende Punkte sollten Sie bei der Lösung dieses Beispiels achten:
- Exporte sind echt steuerbefreit.
- FW-Forderungen sind mit dem Devisen-Ankaufskurs umzurechnen.
- Für FW-Forderungen gilt das strenge Niederstwertprinzip.
- Die Bewertung am Jahresende erfolgt zunächst über das Personenkonto.

Nach Lösungsvergleich ──────▶ weiter mit Übung 108

Übung 108

Unsere Fremdwährungsforderungen setzen sich zusammen aus:
USD   5.000,00 an Ch. Bush (21503),   verbucht zum Kurs von 1,2906   EUR   3.874,17
GBP   10.000,00 an W. Mathow (21534), verbucht zum Kurs von 0,8363   EUR 11.957,43
CHF   20.000,00 an W. Bürgerli (21523), verbucht zum Kurs von 1,3396   EUR 14.929,83

Unsere Fremdwährungsverbindlichkeiten setzen sich zusammen aus:
JPY 1.280.000,00 an R. Jacuski (33704),verbucht zum Kurs von 112,1536 EUR 11.412,92
SEK   108.400,00 an Saab (33712),   verbucht zum Kurs von 9,4715   EUR 11.444,86

Ü 108

Am 31.12.20.. notiert der Euro wie folgt:

	Valuten		Devisen	
	Ankauf	Verkauf	Ankauf	Verkauf
CHF	1,3570	1,3130	1,3405	1,3375
GBP	0,8425	0,8205	0,8333	0,8275
JPY	115,5500	110,7500	113,1584	111,9016
SEK	9,6550	9,3350	9,4627	9,4283
USD	1,2860	1,2500	1,2735	1,2635

Aufgaben:

o Die Aufgaben sind in Form von Buchungssätzen im untenstehenden Raster auszuführen.

Die FW-Forderungen und FW-Verbindlichkeiten sind mit ihrem erforderlichen Wert in der Schlussbilanz auszuweisen. D.h. die Kursdifferenzen sind zu ermitteln und zu verbuchen (wählen Sie für die einzelnen Kunden und Lieferanten sinnvolle Personenkonten).
Die Abschlussbuchung des Kontos 2150 und 3370 ist darzustellen.

o Nebenrechnungen sind in übersichtlicher Form anzugeben.

Berechnung:

Kontonummer, Kontobezeichnung	Soll	Haben

Kommentar zu Ü 108

o Für Forderungen ist das strenge Niederstwertprinzip anzuwenden. Die Forderung in CHF ist daher abzuwerten. Da der Kurs des EUR gegenüber den beiden anderen Währungen gefallen ist, würden wir zurzeit einen größeren Betrag erhalten. Aufwertungen sind jedoch verboten, d.h. die beiden anderen Forderungen sind mit ihrem Entstehungsbetrag in die Bilanz aufzunehmen.

o Für Verbindlichkeiten ist das strenge Höchstwertprinzip anzuwenden. Das heißt, beide Verbindlichkeiten sind mit dem höheren Betrag in der Bilanz auszuweisen und der Kursverlust ist zu verbuchen.

o Mit den zu bilanzierenden Werten sind die Hauptbuchsammelkonten gegen SBK abzuschließen.

Nach Lösungsvergleich

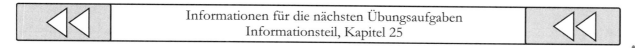

Informationen für die nächsten Übungsaufgaben
Informationsteil, Kapitel 25

Übungen zu 25 – Ermittlung und Bewertung des Wareneinsatzes (Verbrauches) und des Vorrates an Handelswaren, Roh-, Hilfs- und Betriebsstoffen

Übung 109

Zur Ermittlung des Handelswareneinsatzes (-verbrauches) stehen folgende Daten zur Verfügung:

Anfangsbestand	1.000	kg à EUR 3,00	
1. Zukauf	4.000	kg à EUR 2,75	am 25. Jänner
1. Abfassung	3.000	kg	am 10. Februar
2. Zukauf	4.000	kg à EUR 3,10	am 10. Juli
2. Abfassung	2.500	kg	am 12. August
3. Abfassung	2.400	kg	am 15. Oktober

Endbestand lt. Inventur: 1080 kg; Tagespreis am Abschlusstag: EUR 2,90.
Die Zukäufe wurden am Verbrauchskonto verbucht.
Ein etwaiger Schadensfall ist als „üblich" anzusehen.

Aufgaben:

1. Errechnen Sie bitte in übersichtlicher Form (Tabelle) den Verbrauch und den Endbestand mit Hilfe des **gleitenden Durchschnittspreisverfahrens**.
2. Geben Sie die Buchungssätze, einschließlich der Abschlussbuchungen an, die sich aus Aufgabe 1 ergeben. Sie finden sowohl einen Raster für Buchungssätze entsprechend dieser Unterlage als auch für AMC I.

Berechnung:

Kontonummer, Kontobezeichnung	Soll	Haben

SOLLKonto	HABENKonto	Betrag	Auswirkung auf den Gewinn		
			+	-	0

Kommentar zu Ü 109

Beim gleitenden Durchschnittspreisverfahren bewirkt jeder Zukauf einen neuen Durchschnittspreis. Mit diesem Durchschnittspreis werden solange Abfassungen bewertet, bis ein neuer Wareneinkauf vorgenommen wird.

Beachten Sie bitte bei der Bewertung des Endbestandes, dass für das Umlaufvermögen das strenge Niederstwertprinzip gilt!

Nach Lösungsvergleich ———▶ weiter mit Übung 110

Übung 110

Anfangsbestand 20.000 Fässer zu je EUR 50,00
1. Zukauf 10.000 Fässer zu je EUR 55,00
2. Zukauf 20.000 Fässer zu je EUR 45,00

1. Abfassung 5.000 Fässer
2. Abfassung 10.000 Fässer
3. Abfassung 14.000 Fässer

Endbestand lt. Inventur: 20.500 Fässer, Preis am Abschlussstichtag EUR 47,00

Auf Grund obiger Daten sind zwei Bewertungsverfahren steuerlich zulässig.

Einführung in die Buchhaltung im Selbststudium: Übungsteil   Ü 110

Aufgabe 1:

Ermitteln Sie Wareneinsatz, Endbestand und einen eventuellen Schadensfall nach dem **gewogenen Durchschnittspreisverfahren**.

Gehen Sie davon aus, dass die Zukäufe sofort als Aufwand verbucht wurden und stellen Sie die Buchungssätze für die Korrektur des Verbrauchs, für einen eventuellen Schadensfall und für die Abschlussbuchungen des Kontos 1600 und des Kontos 5010 im untenstehenden Raster dar. Ein eventueller Schadensfall ist als „normal" anzusehen.

Berechnung nach dem gewogenen Durchschnittspreisverfahren:

Verbuchung nach dem gewogenen Durchschnittspreisverfahren:

Kontonummer, Kontobezeichnung	Soll	Haben

Aufgabe 2:

Ermitteln Sie Wareneinsatz, Endbestand und einen eventuellen Schadensfall nach dem **FIFO-Verfahren**. Gehen Sie davon aus, dass die Zukäufe in Klasse 5 verbucht wurden und stellen Sie die Korrekturbuchung für den Verbrauch sowie die Verbuchung eines eventuellen Schadensfalles in den untenstehenden Konten dar. Ein eventueller Schadensfall ist als „normal" anzusehen. Die verwendeten Konten sind abzuschließen.

Berechnung nach dem FIFO-Verfahren:

Verbuchung nach dem FIFO-Verfahren:

1600 HW-Vorrat

Dat.	Text	Soll	Haben
1.1.	9800	1,000.000,00	

5010 HW-Verbrauch

Dat.	Text	Soll	Haben
	Zukäufe	1,450.000,00	

Dat.	Text	Soll	Haben

Dat.	Text	Soll	Haben

Kommentar zu Ü 110

ad Aufgabe 1

Der gewogene Durchschnittspreis ergibt sich aus Wertsumme (AB + Zukäufe) durch Mengensumme. Beachten mussten Sie, dass mehr zugekauft als verbraucht wurde. Dieses Mehr erhöht den Bestand. Da der Preis am Bilanzstichtag niedriger ist als der gewogene Durchschnittspreis, ist der Ist-Endbestand entsprechend abzuwerten.

ad Aufgabe 2

FIFO bedeutet „first in – first out". Dieses Prinzip gilt sowohl für die Entnahmen als auch für einen eventuellen Schwund. D.h. in diesem Beispiel ist anzunehmen, dass aus dem ersten Zukauf Fässer „verschwunden" sind.

Bei diesem Bewertungsverfahren ist der Verbrauch höher als die Summe der Zukäufe, obwohl natürlich mengenmäßig weniger verbraucht als zugekauft wurde. Der Anfangsbestand und der 1. Zukauf hatten jedoch höhere Preise, die sich im Wert des Verbrauchs niederschlagen.

Bei der Bewertung des Endbestandes ist hier darauf zu achten, dass sich der Endbestand aus zwei verschiedenen Partien zu unterschiedlichen Preisen zusammensetzt.

Nach Lösungsvergleich ⟶ weiter mit Ü 111

Übung 111

Folgende Daten sind bekannt:

AB	200 Rollen à EUR 40,00	EUR 8.000,00
1. Zukauf	500 Rollen à EUR 38,00	EUR 19.000,00
2. Zukauf	600 Rollen à EUR 35,00	EUR 21.000,00
3. Zukauf	700 Rollen à EUR 36,00	EUR 25.200,00

Die Zukäufe wurden in Klasse 5 sofort als Verbrauch verbucht.

Endbestand lt. Inventur 500 Rollen, Preis am Bilanzstichtag EUR 37,00 pro Rolle.

Aufgaben:
1. Ermitteln Sie den mengenmäßigen Rohstoffverbrauch. Wählen Sie für seine Bewertung ein steuerlich zulässiges Verfahren aus. Preisschwankungen sind im normalen Rahmen.
2. Stellen Sie die Verbuchung der Korrektur des Verbrauchs und einen eventuellen Schadensfall in den untenstehenden Konten dar. Die verwendeten Konten sind abzuschließen.

Berechnung:

1100 Rohstoff-Vorrat

Dat.	Text	Soll	Haben
1.1.	9800	8.000,00	

5100 Rohstoff-Verbrauch

Dat.	Text	Soll	Haben
	Zukäufe	65.200,00	

Dat.	Text	Soll	Haben

Dat.	Text	Soll	Haben

Kommentar zu Ü 111

(1) In diesem Fall gibt es keine Aufzeichnungen über die Entnahmen, d.h. Sie mussten die Menge der Entnahmen indirekt ermitteln. Für die Bewertung gibt es zwei Möglichkeiten (beide sind als Lösung dargestellt): entweder das gewogene Durchschnittspreisverfahren oder das FIFO-Verfahren.

(2) Die Buchungen selbst sollten Ihnen keine Schwierigkeiten mehr bereiten.

Nach Lösungsvergleich ⟶ weiter mit Übung 112

Übung 112

Der Rohstoffbestand eines Industriebetriebes hat sich während des Jahres wie folgt verändert:
Anfangsbestand EUR 875.630,00
Einkäufe während des Jahres um EUR 4.748.160,00, verbucht am Konto 5100.
Die Addition der Entnahmescheine ergibt einen Verbrauch von EUR 4.898.100,00.
Der Endbestand beträgt auf Grund der Inventur und der Bewertung EUR 724.890,00.

Aufgaben:
1. Ermitteln Sie den Wert der Korrekturbuchung, um Verbrauch und Endbestand richtig auszuweisen. Ein eventuell ermittelter Schadensfall ist als üblich anzusehen.
2. Stellen Sie die Verbuchung obiger Tatbestände auf Konten dar. Schließen Sie die verwendeten Konten ab. Auf die Darstellung der Abschlusskonten ist zu verzichten.

Berechnung:

1100 Rohstoffvorrat

Dat.	Text	Soll	Haben
1.1.	9800	875.630,00	

5100 Rohstoffverbrauch

Dat.	Text	Soll	Haben
	Div.	4.748.160,00	

Dat.	Text	Soll	Haben

Dat.	Text	Soll	Haben

Kommentar zu Ü 112

(1) Zu vergleichen ist der Zukauf (Aufwand lt. Konto 5100) mit dem tatsächlichen Verbrauch. Der Verbrauch ist höher, das heißt, es wurde mehr verbraucht als in diesem Jahr zugekauft wurde. Teile des Bestandes des Vorjahres wurden zusätzlich verbraucht.

(2) Am Bestandskonto ist der Endbestand lt. Inventur auszuweisen. Die Differenz ist als Schadensfall auszubuchen.

Nach Lösungsvergleich

 Informationen für die nächsten Übungsaufgaben
Informationsteil, Kapitel 26

Übung zu 26 – Bestandsveränderungen von unfertigen Erzeugnissen und Fertigerzeugnissen

Übung 113

Verbuchen Sie die Veränderung der Bestände an unfertigen Erzeugnissen und Fertigerzeugnissen und schließen Sie die verwendeten Konten gegen SBK und G+V ab. Auf die Darstellung der Abschlusskonten ist zu verzichten.

Endbestand an unfertigen Erzeugnissen: EUR 400.000,00
Endbestand an Fertigerzeugnissen: EUR 250.000,00
Die Anfangsbestände sind aus den Konten ersichtlich.

1400 unfertige Erzeugnisse

Dat.	Text	Soll	Haben
1.1.	9800	100.000,00	

1500 Fertigerzeugnisse

Dat.	Text	Soll	Haben
1.1.	9800	350.000,00	

Dat.	Text	Soll	Haben		Dat.	Text	Soll	Haben

Kommentar zu Ü 113

ad unfertige Erzeugnisse:

Der Bestand ist am Jahresende größer. Als Korrektur zum zuviel ausgewiesenen Aufwand erfolgt die Buchung im Haben des Kontos 4500.

ad Fertigerzeugnisse:

Es wurde mehr verkauft. Zum Aufwand der Jahreserzeugnisse kommen noch die Bestandsveränderungen durch Lagerentnahmen. Buchung daher am Konto 4550 im Soll (Aufwand).

Nach Lösungsvergleich ⟶ weiter mit Ü 114

Übung 114

Am 31.12. des Abschlussjahres liegen 15 Bohr-Fräsmaschinen auf Lager.

Pro Maschine fielen dafür an: **Berechnungen:**

    Fertigungsmaterial   EUR 148,00
    Fertigungslöhne   EUR 80,00
    Materialgemeinkosten   15 %
    Fertigungsgemeinkosten   200 %
    Verwaltungsgemeinkosten   12 %
    Vertriebsgemeinkosten   10 %

Anfangsbestand an Fertigerzeugnissen: EUR 12.716,00

Aufgaben:

Ermitteln Sie den Wert des Endbestandes (steuerlicher Mindestansatz) und geben Sie sowohl den Buchungssatz für die erforderliche Korrekturbuchung als auch für die Abschlussbuchung des Kontos Fertigerzeugnisse an.
Wählen Sie jene Form der Darstellung der Buchungssätze, die Sie zu Übungszwecken am sinnvollsten erachten.

Kommentar zu Ü 114

Die Buchung selbst sollte keine Probleme machen.
Haben Sie den richtigen Wert des Endbestandes ermittelt? Sie wissen, zum steuerlichen Mindestansatz gehören neben den Einzelkosten auch Material- und Fertigungsgemeinkosten.

Neue Informationen im Informationsteil, Kapitel 27

Übung zu 27 – Bilanzierung von Anzahlungen

Übung 115

Per 30.11.20.. zeigen die Personen- und die Hauptbuchkonten den folgenden Stand (vgl. das Kontenbild).

Aufgabe:

Verbuchen Sie die nachfolgenden Geschäftsfälle für Dezember, die Anzahlungen sind nach Variante 1 (mit Interimskonto) zu verbuchen. Die Zukäufe werden sofort in Klasse 5 verbucht.
Übertragen Sie die Summen der Personenkonten und schließen Sie die Hauptbuchsammelkonten ab.

7.12.: Der Kontoauszug zeigt eine Überweisung von Berger.
Unsere Forderung: 24.000,00 inkl. 20 % USt, abzüglich 3 % Skonto (inkl. 20 % USt). Gutgeschrieben werden EUR 23.280,00.

14.12.: Für den bei der Heinze AG bestellten größeren Posten Tischwäsche (Handelsware) überweisen wir eine Anzahlung in Höhe von EUR 24.000,00 inkl. 20 % USt. Eine entsprechende Rechnung für diese Anzahlung haben wir erhalten. Lt. Kaufvertrag wird diese Wäsche Ende Jänner nächsten Jahres geliefert.

18.12.: Der Sanierungsplan unseres Kunden Zauner mit einer Quote von 30 % wurde angenommen.
Die restlichen Schulden wurden erlassen.

21.12.: Kauf von Handelswaren von der Fritze OG: EUR 30.000,00 + 20 % USt zahlbar innerhalb von 8 Tagen.

27.12.: Wir überweisen an die Fritze OG EUR 10.000,00 zum Teilausgleich obiger Warenlieferung.

28.12.: Kunde Freundlich überweist auf Grund unserer entsprechenden Rechnung eine Anzahlung in Höhe von EUR 12.000,00 inkl. 20 % USt für diverse Tisch- und Bettwäsche nach Maß. Wir haben als Liefertermin für diese Bestellung den 15. Jänner des nächsten Jahres vereinbart.

PERSONENKONTEN:

20001 K. Berger

Dat.	Text	Soll	Haben
	Div.	48.000,00	12.000,00

33001 Fritze OG

Dat.	Text	Soll	Haben
	Div.	72.000,00	96.000,00

20002 F. Freundlich

Dat.	Text	Soll	Haben
	Div.	17.540,00	17.540,00

33002 Heinze AG

Dat.	Text	Soll	Haben
	Div.	48.000,00	118.000,00

20003 A. Zauner

Dat.	Text	Soll	Haben
	Div.	48.000,00	

HAUPTBUCHKONTEN:

2000 Lieferforderungen

Dat.	Text	Soll	Haben
	Ü1-11	113.540,00	29.540,00

3300 Lieferverbindlichkeiten

Dat.	Text	Soll	Haben
	Ü1-11	120.000,00	214.000,00

2800 Bank

Dat.	Text	Soll	Haben
	Div.	137.000,00	74.500,00

Dat.	Text	Soll	Haben

Dat.	Text	Soll	Haben

Dat.	Text	Soll	Haben

Dat.	Text	Soll	Haben

Dat.	Text	Soll	Haben

Dat.	Text	Soll	Haben

Dat.	Text	Soll	Haben

Kommentar zu Ü 115

Wir wollen uns in diesem Kommentar auf das Problem Anzahlung am Jahresende beschränken.

Die Anzahlung von Freundlich bedeutet eigentlich eine Verbindlichkeit gegen diesen Kunden, wir sind ihm eine Warenlieferung schuldig. D.h. durch diese Anzahlung ist natürlich nicht unser Gesamtstand an Forderungen geringer geworden. Wir müssen daher diese Anzahlung vom Konto 2070 „Interimskonto erhaltene Anzahlungen" auf das Konto 2000 umbuchen. Damit ist dieses Konto aufgelöst. Die Nettoanzahlung selbst geht vom Konto 3200 „Erhaltene Anzahlungen" in die Bilanz ein.

Unsere Anzahlung an die Heinze AG bewirkt nicht, dass wir Heinze jetzt weniger schulden (vgl. den ursprünglichen Stand am Personenkonto), sondern dass wir gegenüber Heinze eine Forderung haben. Durch die Umbuchung der Bruttoanzahlung vom Konto 3350 „Interimskonto geleistete Anzahlungen" auf das Konto 3300 wird die Höhe der Lieferverbindlichkeiten richtig gestellt. Die am Konto 1800 „Geleistete Anzahlung" verbuchte Nettoanzahlung geht in die Bilanz ein.

Nach Lösungsvergleich ⟶ weiter mit Übung 116

Übung 116

4.4.2010   Der Kleidererzeuger Matzner beginnt wegen Platzmangels mit dem Aufstocken seines Verwaltungsgebäudes. Die Baufirma Mayreder erhält auf Grund folgenden Kostenvoranschlages den Zuschlag:

> Aufstockung Verwaltungsgebäude   EUR 630.000,00
> + 20 % USt   EUR 126.000,00
>   EUR 756.000,00
>
> Anzahlung bei Auftragserteilung in Höhe von 200.000,00 + 20 % USt. Restbetrag der Endabrechnung zahlbar innerhalb von 30 Tagen ohne jeden Abzug.

20.4.2010   Matzner überweist an Mayreder (33006) EUR 240.000,00 als Anzahlung inkl. USt. Die dafür erforderliche Rechnung ist am 15.4. eingegangen.

31.3.2011   Die Aufstockung ist abgeschlossen. Die Endabrechnung lautet auf EUR 628.460,00 zuzüglich 20 % USt. Die neuen Räume werden mit 2. Mai bezogen.

Aufgaben:

(1) Stellen Sie den Buchungssatz für die Überweisung der Anzahlung am 20.4. nach Variante 1 (Interimskonto) dar.

(2) Geben Sie jenen Buchungssatz im Zusammenhang mit der Anzahlung und dem richtigen Ausweis der Verbindlichkeiten am 31.12. an.

(3) Geben Sie den Buchungssatz für den Erhalt der Endabrechnung an.

(4) Ermitteln Sie in übersichtlicher Form den Abschreibungsbetrag für 2011.
Das Verwaltungsgebäude wurde am 1.8.1994 in Betrieb genommen, ND 50 Jahre. Nettoanschaffungskosten EUR 2.580.000,00.

(5) Geben Sie den Buchungssatz für die Abschreibung für 2011 an. Die Verbuchung der Abschreibung erfolgt indirekt.

Dat., Jahr	Kontonummer, Kontobezeichnung	Soll	Haben

Berechnung der Abschreibung:

Kommentar zu Ü 116

Wir wollen unseren Kommentar nur auf den Ausweis des Anzahlungsbetrages am Jahresende beschränken.

Der Gesamtbetrag der Anzahlung wurde am 20.4. auf dem Lieferantenkonto Mayreder im Soll verbucht. Dieser Betrag ist auf das Hauptbuchsammelkonto „3300 Lieferverbindlichkeiten" übertragen worden.

Auf Grund dieser Übertragung wurden die Lieferverbindlichkeiten um EUR 240.000,00 geringer ausgewiesen. Unsere Schulden haben sich jedoch nicht durch eine geleistete Anzahlung verringert. Andererseits ist das Interimskonto aufzulösen. Durch diese Umbuchung gehen die Lieferverbindlichkeiten in ihrer richtigen Höhe in die Bilanz ein. Den Netto-Anzahlungsbetrag haben Sie bereits auf dem Konto 0700 ausgewiesen. Dieser Betrag ist zu bilanzieren.

Natürlich müssen Sie am 1.1. das Interimskonto wieder aus den Lieferverbindlichkeiten herauslösen. Sie benötigen das Interimskonto zur Auflösung der Anzahlungs-Buchung bei Erhalt der Endabrechnung.

Hatten Sie Probleme bei der
 – Verbuchung der Anzahlung selbst, arbeiten Sie bitte nochmals Kapitel 9.3.2, Variante 1
 – Berechnung des Abschreibungsbetrages, arbeiten Sie bitte nochmals Kapitel 18.3.6 (2)
durch.

Bevor wir den „Jahresabschluss" im engeren Sinn besprechen, sollten Sie nochmals einen Jahresabschluss im Hauptbuch (ein „Kreislaufbeispiel") durchführen. Sie können mit diesem Beispiel viele Ihrer bisherigen Kenntnisse wiederholen.

Übung 117

Das Eröffnungsinventar per 1.1.20.. zeigt folgendes Bild:

1. **Vermögensgüter**

    1.1. Anlagevermögen
    Geschäftsausstattung   EUR   120.000,00

    1.2. Umlaufvermögen
Handelswaren (1.360 Fässer à EUR 100,00)	EUR	136.000,00		
Fertigerzeugnisse	EUR	80.000,00		
unfertige Erzeugnisse	EUR	80.000,00		
Kassabestand	EUR	10.000,00		
Bankguthaben	EUR	50.000,00		
Lieferforderungen, Inland	EUR	176.000,00	EUR	532.000,00
Gesamtvermögen			EUR	652.000,00

2. **Verbindlichkeiten**
Verbindlichkeiten aus Lieferungen, Inland	220.100,00		
Verbindlichkeiten Zahllast	40.300,00	EUR	260.400,00
		EUR	260.400,00

Aufgaben:

1. Ermitteln Sie die Höhe des Eigenkapitals.
   Eröffnen Sie alle Konten unter Einbeziehung eines EBK.
   Die Konten sind nach unserem Kontenplan zu benennen und zu nummerieren.
   In der Textspalte ist die Nummer des Gegenkontos anzuführen.

2. Verbuchen Sie die laufenden Geschäftsfälle.
   Anstelle eines Datums führen Sie bitte die Nummer des Geschäftsfalles an. Die Einkäufe an Handelswaren sind in der Klasse 5 zu verbuchen. Die Zielkäufe bzw. Zielverkäufe sind aus Gründen der Einfachheit direkt auf die Konten 2000 bzw. 3300 zu buchen.

    (1) Warenkauf: 1.000 Fässer à EUR 100,00   EUR   100.000,00
                        + 20 % USt   EUR   20.000,00
                                                                                      EUR   120.000,00

    gegen sofortige Banküberweisung. Wir haben mit unserer Bank vereinbart, kurzfristig das Konto in dieser Höhe überziehen zu dürfen.

    (2) Warenverkauf frei Haus: 1.200 Fässer à EUR 150,00   EUR   180.000,00
         (an Franz Wimmer)   − 10 % Mengenrabatt   EUR   18.000,00
                                                                                     EUR   162.000,00
                                       + 20 % USt   EUR   32.400,00
                                                                                           EUR   194.400,00

    zahlbar mit 30 Tagen Ziel.

    (3) Für Transportkosten aus dem Verkauf zahlen wir EUR 1.200,00 (inkl. 20 % USt) durch Banküberweisung.

    (4) Überweisung der Zahllast für November. Die Zahllast für November beträgt EUR 18.800,00.

    (5) Wimmer (vgl. (2)) zahlt seine Schuld durch Banküberweisung.

    (6) Verkauf von Fertigerzeugnissen: EUR 80.000,00 + 20 % USt auf Ziel.

    (7) Die Forderung an Klein (EUR 36.000,00 inkl. 20 % USt - schon verbucht) ist großteils uneinbringlich. Das Konkursverfahren wurde mit einer Quote von 8 % abgeschlossen.

    (8) Privatentnahme aus der Kassa EUR 3.000,00

3. Schließen Sie alle Konten unter Berücksichtigung folgender Abschlussangaben gegen SBK bzw. G+V ab und ermitteln Sie das Ergebnis. Wählen Sie als Datum den 31.1.

Einführung in die Buchhaltung im Selbststudium: Übungsteil Ü 117

(9) Endbestand an Handelswaren lt. Inventur: 1.100 Fässer; Preis am Abschlussstichtag: 90,00; ein eventueller Schadensfall ist als normal anzusehen.

(10) Endbestand an unfertigen Erzeugnisse: 50.000,00

(11) Endbestand an Fertigerzeugnissen: 100.000,00

(12) Planmäßige Abschreibung auf Geschäftsausstattung: 10 % von 200.000,00 direkt

(13) Die Umsatzsteuerkonten sind gegen Zahllast abzuschließen.

4. Beantworten Sie nach den Konten gestellten Fragen bzw. lösen Sie die dort geforderte Aufgabe.

9800 Eröffnungsbilanz

Dat.	Text	Soll	Haben

2800 Bank

Dat.	Text	Soll	Haben

Dat.	Text	Soll	Haben

Dat.	Text	Soll	Haben

Dat.	Text	Soll	Haben

Dat.	Text	Soll	Haben

Dat.	Text	Soll	Haben

Dat.	Text	Soll	Haben

Dat.	Text	Soll	Haben

Dat.	Text	Soll	Haben

Dat.	Text	Soll	Haben

Dat.	Text	Soll	Haben

Dat.	Text	Soll	Haben

Dat.	Text	Soll	Haben

Dat.	Text	Soll	Haben

Dat.	Text	Soll	Haben

Dat.	Text	Soll	Haben

Dat.	Text	Soll	Haben

Dat.	Text	Soll	Haben

Dat.	Text	Soll	Haben

Dat.	Text	Soll	Haben

Dat.	Text	Soll	Haben

Dat.	Text	Soll	Haben

Dat.	Text	Soll	Haben

9850 Schlussbilanzkonto

Dat.	Text	Soll	Haben

9890 Gewinn- und Verlustkonto

Dat.	Text	Soll	Haben

Die Zahllast für Jänner beträgt EUR _____.

Es handelt sich um   ☐ eine Forderung an das Finanzamt

                            ☐ eine Verbindlichkeit gegenüber dem Finanzamt

Zutreffendes bitte ankreuzen!

Wann ist diese Zahllast, sollte es sich um eine Verbindlichkeit handeln, abzuführen?
Geben Sie das späteste Datum an.

                            Abzuführen am _____

Das Endeigenkapital zum 31.1. beträgt   EUR _____.

Ermitteln Sie den Gewinn durch Betriebsvermögensvergleich und kontrollieren Sie Ihr Ergebnis.

Kommentar zu Ü 117

ad 2) Sofort gewährte Rabatte sind in der Buchhaltung nicht zu berücksichtigen. Unsere Forderung an Wimmer beträgt EUR 194.400,00. Wir buchen jedoch bei diesem Beispiel statt auf das Personenkonto „Wimmer" direkt auf das Konto 2000 (Lieferforderungen - Sammelkonto im Hauptbuch).

Vgl. Kapitel 7.3.1

ad 3) Transportkosten für Warenverkäufe sind als Aufwand zu verbuchen. Die darin enthaltene Umsatzsteuer stellt eine Vorsteuer-Forderung an das Finanzamt dar. Wir überweisen sofort den Gesamtbetrag vom Bankkonto.
Vgl. Kapitel 7.2.3 (Transportkosten)

ad 4) Die Zahllast für November wird überwiesen.
Vgl. Kapitel 5.2.6

ad 6) Wir haben eine Forderung für Umsatzerlöse und müssen für den Warenverkauf USt zahlen.

ad 7) Der tatsächliche, gesamte Ausfall ist vom Forderungskonto auszubuchen.
Nur der Nettoausfall stellt jedoch einen Schadensfall („Abschreibung Forderungen") dar, denn der USt-Anteil stellt eine Forderung an das Finanzamt dar und wird daher am Konto 3500 im Soll gebucht.
Vgl. Kapitel 20.3

ad 9) Es ist eine direkte Einsatzermittlung möglich.

Anfangsbestand	1.360	Fässer zu	100,00	EUR	136.000,00	
+ Zukäufe	1.000	Fässer zu	100,00	EUR	100.000,00	
	2.360	Fässer zu	100,00	EUR	236.000,00	
- Abfassungen	1.200	Fässer zu	100,00	EUR	120.000,00	= Verbrauch
SOLL-Endbestand	1.160	Fässer zu	100,00	EUR	116.000,00	
IST-Endbestand	1.100	Fässer				
Schwund	60	Fässer zu	100,00	EUR	6.000,00	} Schadensfall
Abwertung	1.100	Fässer zu	10,00	EUR	11.000,00	
IST-Endbestand zu Tagespreisen	1.100	Fässer zu	90,00	EUR	99.000,00	

Vgl. Kapitel 25.2

ad 10
u. 11) In beiden Fällen sind die Bestände zu korrigieren. Der Bestand an unfertigen Erzeugnissen ist kleiner geworden, der Bestand an Fertigerzeugnissen hingegen größer.
Vgl. Kapitel 26.1

Nach Lösungsvergleich

 Informationen für die nächsten Beispiele im Informationsteil, Kapitel 28

Übungen zu 28.2 – Der Jahresabschluss unter Einschaltung einer Buchungsliste

Übung 118

Aufgabe:
Erstellen Sie auf Grund der ausgedruckten Saldenliste und den nachfolgenden Tatbeständen die Buchungsliste und ermitteln Sie das endgültige unternehmensrechtliche Jahresergebnis und bezeichnen Sie es entsprechend mit Gewinn oder Verlust.

Um- und Nachbuchungen:
1) Der Endbestand an unfertigen Erzeugnissen beträgt EUR 12.000,00; der Endbestand an Fertigerzeugnissen beträgt EUR 35.000,00.

2) Wir haben selbst eine Garage erbaut. Die Garage wurde bereits am 5.12. fertig gestellt und in Betrieb genommen. Bezüglich der Aktivierung wurde noch keine Buchung vorgenommen. Es wurden lediglich bis jetzt folgende Aufwände verbucht:

Material und Personalaufwand   EUR 60.000,00
Sonstiger betrieblicher Aufwand   EUR 45.000,00

Prüfen Sie, ob die ausgewiesene Rücklage gem. § 12 EStG (gebildet beim Ausscheiden eines LKW mit Totalschaden am 20.12. des Vorjahres) gegen die Garage aufgelöst werden darf. Wenn ja, ist die Rücklage aufzulösen.

Die Garage ist mit 5 % direkt abzuschreiben.

3) Abschreibung auf die LKW 20 % vom Anschaffungswert (EUR 83.000,00), Verbuchung direkt.

4) Unsere Fremdwährungsforderungen setzen sich zusammen aus

JPY 1,200.000,00 zum Entstehungskurs von 110,6016 / 111,8584
GBP 10.000,00 zum Entstehungskurs von 0,8238 / 0,8296

Kurs am Bilanzstichtag
   für JPY: 111,3116 / 112,5984
   für GBP: 0,8128 / 0,8186

5) Wir haben Zinsen für das Darlehen in Höhe von EUR 16.000,00 am 1.10. für 1 Jahr im Voraus bezahlt.

6) In den Lieferforderungen ist die Forderung an Müller in Höhe von EUR 8.400,00 (inkl. 20% USt) enthalten. Da Müller trotz wiederholter Mahnungen nicht zahlt, rechnen wir mit einem Ausfall von 60 %.

7) Bei den Wertpapieren des Anlagevermögens handelt es sich um Nominale 3.200 5 % Bundesanleihe zum Kurs von 100. Die Zinsen werden jährlich am 1.8. im Nachhinein abzüglich 25 % KESt gutgeschrieben.

Saldenliste zum 31.12.20..

Kto. Nr.	Kontobezeichnung	Salden Soll	Haben
0640	LKW	49.800,00	
0920	Gläubigerpapiere Anlagevermögen	3.200,00	
1400	Unfertige Erzeugnisse	28.000,00	
1500	Fertigerzeugnisse	41.000,00	
2000	Lieferforderung	26.400,00	
2080	Einzel-WB		1.360,00
2150	FW-Forderungen sonst. Ausland.	22.781,85	
2800	Bank	21.248,75	
3150	Darlehen		200.000,00
4000	Umsatzerlöse		156.622,50
6000	Löhne	82.140,00	
7850	Sonst. betr. Aufwand	92.846,00	
8060	Zinserträge Gläubigerpapiere AV		70,00
8290	Zinsen f. Darlehen	28.000,00	
9000	Eigenkapital		27.364,10
9520	Rückl. § 12 EStG		10.000,00
		395.416,60	395.416,60

Berechnungen:

BUCHUNGSLISTE			Datum:	Seite:			
Beleg	Soll Konto Nr.	Haben Konto Nr.	Buchungstext	Betrag	+	-	0

Ermittlung des endgültigen Jahresergebnisses:

Kommentar zu Ü 118

ad 1) Vgl. Kapitel 26.1

ad 2) Aktivierung der Garage: vgl. Kapitel 18.2.5
Auflösung der Rücklage: vgl. Kapitel 23.5.1
Abschreibung der Garage: vgl. Kapitel 18.3
Auflösung der Bewertungsreserve: vgl. Kapitel 23.5.1
Die Garage wurde erst in der zweiten Jahreshälfte in Betrieb genommen.

ad 3) Vgl. Kapitel 18.3

ad 4) Vgl. Kapitel 24.

ad 5) Aktives Transitorium, für 9 Monate wurden zu viele Zinsen ausgewiesen – vgl. Kapitel 21.2.1

ad 6) Für 60 % der Nettoforderung, d.s. EUR 7.000,00 ist eine Einzelwertberichtigung zu bilden, d.s. EUR 4.200,00.

erforderliche Einzel-WB	EUR 4.200,00
vorhandene Einzel-WB	EUR 1.360,00
noch zu bilden	EUR 2.840,00 Vgl. Kapitel 20.5

ad 7) Es sind noch die Zinsen für 5 Monate ausständig, dieser Zinsertrag ist einzubuchen. Es handelt sich um eine aktive Antizipation – vgl. Kapitel 21.3.1

ad Berechnung des endgültigen Jahresergebnisses)
Da eine komplette Saldenliste vorgegeben war, müssen Sie zunächst das vorläufige Jahresergebnis durch Gegenüberstellung der Erträge und Aufwände ermitteln. Da die Aufwände größer als die Erträge sind, erhalten Sie zunächst einen Verlust.

Beachten Sie bitte: Bei einem Verlust ändern sich die Vorzeichen, d.h. die erfolgsmindernden Umbuchungen erhöhen den Verlust, die erfolgserhöhenden Umbuchungen vermindern den Verlust. Schlussendlich wurde ein Gewinn erwirtschaftet.

Nach Lösungsvergleich ——————▶ weiter mit Übung 119

Übung 119

Erstellen Sie auf Grund der ausgedruckten Saldenliste die Umbuchungsliste und ermitteln Sie das Jahresergebnis. Geben Sie an, ob es sich um einen Gewinn oder Verlust handelt.

Saldenliste per 31.12.20..

Konto	Bezeichnung	Soll	Haben
0640	LKW	42.500,00	
1600	Handelswaren-Vorrat	20.000,00	
2000	Lieferforderungen	12.000,00	
2700	Kassa	18.000,00	
2800	Bank	136.000,00	
3040	Rückstellung Beratungsaufw.		1.000,00
3150	Darlehen		35.000,00
3300	Verbindlichkeiten Inland		22.400,00
4000	Umsatzerlöse		426.654,00
5010	HW-Verbrauch	318.000,00	
7750	Rechts-u.Beratungsaufwand	1.800,00	
7850	Sonst. betriebl. Aufwand	40.200,00	
8290	Zinsen für Darlehen	2.700,00	
9000	Eigenkapital		108.646,00
9600	Privat	2.500,00	
		593.700,00	593.700,00

1) Wir zahlen Darlehenszinsen in der Höhe von EUR 1.800,00 jeweils am 1.10. und am 1.4. im Nachhinein. Die letzte Zahlung erfolgte am 1.10. des Abschlussjahres in Höhe von EUR 1.800,00.

2) Bitte ermitteln Sie den HW-Verbrauch, Endbestand bzw. eventuelle Schadensfälle auf Grund folgender Angaben nach dem steuerlich zulässigen genauesten Verfahren. Die Zukäufe wurden in Klasse 5 verbucht.

Anfangsbestand	1000	t	zu EUR 20,00
1. Zukauf	4000	t	zu EUR 21,00 am 10.1.
2. Zukauf	13.000	t	zu EUR 18,00 am 28.6.
1. Abfassung	2.000	t	am 15.3.
2. Abfassung	2.000	t	am 17.4.
3. Abfassung	13.000	t	am 30.10.
Endbestand	800	t	

Preis am Abschlussstichtag: EUR 19,00 je t. Ein eventueller Schadensfall ist als normal anzusehen.

3) Unsere Anlagenkartei zeigt folgendes Bild:

	Anschaffungswert	Buchwert 1.1.20..	Abschreibung
LKW 1	25.000,00	2.500,00	20 % linear
LKW 2	40.000,00	0,00	20 % linear

Die Anschaffung von LKW 2 wurde bereits verbucht. In beiden Fällen handelt es sich um „Fiskal-LKW".

Für beide LKW ist die Abschreibung vorzunehmen (kein Erinnerungseuro). LKW 2 wurde am 1.12. des Abschlussjahres angeschafft und in Betrieb genommen.

4) Für das Honorar unseres Steuerberaters ist eine Rückstellung zu bilden. Wir schätzen die Honorarnote auf EUR 2.000,00 + 20 % USt. Die vorhandene Rückstellung wurde für die Arbeiten des Steuerberaters im Vorjahr gebildet. Die Honorarnote des Steuerberaters für das Vorjahr wurde heuer als Aufwand in Höhe von EUR 1.800,00 zuzügl. 20 % USt verbucht (vgl. Konto 7750).

Einführung in die Buchhaltung im Selbststudium: Übungsteil   Ü 119

BUCHUNGSLISTE			Datum:	Seite:			
Beleg	Soll Konto Nr.	Haben Konto Nr.	Buchungstext	Betrag	+	-	0

Nebenrechnungen:

Ermittlung des endgültigen Jahresergebnisses:

Kommentar zu Ü 119

ad 1) Die Zinsen für 3 Monate sind im Abschlussjahr noch auszuweisen (1.10. bis 31.12.); EUR 1.800,00 für 6 Monate, daher für 3 Monate EUR 900,00.

Der Zinsaufwand ist um EUR 900,00 höher auszuweisen. Da wir den Betrag noch nicht bezahlt haben, müssen wir dafür eine Verbindlichkeit in der Bilanz ausweisen.

Vgl. Kapitel 21.3.2

Beleg U 1

Auswirkung auf den Erfolg: erfolgsmindernd, daher −

ad 2) Hier muss das gleitende Durchschnittspreisverfahren angewendet werden:

Anfangsbestand	1.000 t	zu EUR 20,00	= EUR	20.000,00	
+ 1. Zukauf	4.000 t	zu EUR 21,00	= EUR	84.000,00	
	5.000 t	zu EUR 20,80	EUR	104.000,00	
– 1. + 2. Abfassung	4.000 t	zu EUR 20,80	= EUR	83.200,00	= Verbrauch
	1.000 t	zu EUR 20,80	= EUR	20.800,00	
+ 2. Zukauf	13.000 t	zu EUR 18,00	= EUR	234.000,00	
	14.000 t	zu EUR 18,20	= EUR	254.800,00	
– 3. Abfassung	13.000 t	zu EUR 18,20	= EUR	236.600,00	= Verbrauch
Sollendbestand	1.000 t	zu EUR 18,20	= EUR	18.200,00	
Istendbestand	800 t				
Schwund	200 t	zu EUR 18,20	= EUR	3.640,00	
Istendbestand	800 t	zu EUR 18,20	= EUR	14.560,00	

Beachten Sie: strenges Niederstwertprinzip!

Vgl. Kapitel 25.4.4

Beleg U 2 für die Verbrauchskorrektur

Beleg U 3 für den Schwund

Auswirkung auf den Erfolg in beiden Fällen: –

ad 3) Abschreibung der beiden LKWs:

LKW 1: nur noch EUR 2.500,00 (Restbuchwert)

LKW 2: EUR 4.000,00 (10 %, da in der 2. Jahreshälfte in Betrieb genommen)

Vgl. Kapitel 18.3

Beleg U 4

Auswirkung auf den Erfolg: –

ad 4) Die vorhandene Rückstellung ist gegen das Aufwandkonto (hier 7750) aufzulösen.

Beleg U 5

Auswirkung auf den Erfolg: +

Für die heurigen Arbeiten des Steuerberaters ist eine Rückstellung in Höhe von EUR 2.000,00 zu bilden.

Beleg U 6

Auswirkung auf den Erfolg: –

Vgl. Kapitel 22.2

Nach Lösungsvergleich ⟶ weiter mit Übung 120

Übung 120

Erstellen Sie auf Grund untenstehender Angaben und dem Ausschnitt aus der Saldenliste per 31.12.2010 die Umbuchungsliste und ermitteln Sie das unternehmensrechtliche Jahresergebnis. Geben Sie an, ob es sich um einen Gewinn oder Verlust handelt.

Ausschnitt aus der Saldenliste zum 31.12.2010

0400 Maschinen	60.360,00	
0640 LKW	55.000,00	
2080 Einzel-WB zu Forderungen		4.800,00
4600 Erlöse aus Anlagenverkauf		60.000,00

1) Die am Konto 0400 ausgewiesene Maschine wurde am 4.2.2008 um EUR 120.000,00 angeschafft und sofort in Betrieb genommen. ND 8 Jahre. Im Vorjahr wurde die Maschine außerplanmäßig auf einen Buchwert von EUR 60.000,00 abgeschrieben. Diese außerplanmäßige Abschreibung ist zurückzunehmen.

Einführung in die Buchhaltung im Selbststudium: Übungsteil Ü 120

Auf dem Konto Maschinen ist ferner eine heuer um EUR 360,00 + 20 % USt erstandene Bohrmaschine verbucht worden. Prüfen Sie, ob § 13 EStG angewendet werden kann – ist dies der Fall, ist die Bohrmaschine entsprechend umzubuchen. Grundsätzlich ist mit einer ND von 5 Jahren zu rechnen.

2) Der LKW, Netto-AW EUR 110.000,00, wurde am 3.8.2007 in Betrieb genommen. ND 5 Jahre, Abschreibung direkt (vgl. Konto). Am 2.4. d.J. wurde der LKW verkauft (vgl. Kto 4600). Es wurde bisher nur der Verkaufserlös verbucht. Alle Buchungen im Zusammenhang mit dem Ausscheiden dieses LKW sind noch durchzuführen. Die Saldierungsbuchung ist nicht darzustellen, beachten Sie jedoch in diesem Zusammenhang die Zusatzaufgabe.

3) Folgende Forderungen (alle enthalten 20 % USt) scheinen nicht voll einbringlich zu sein:

Forderung an Berger in Höhe von EUR 2.400,00 Berger hat seine Zahlungen eingestellt. Wir rechnen mit einem Ausfall von 40 %.

Forderung an Müller in Höhe von EUR 7.200,00. Müller hat ein Sanierungsverfahren beantragt und eine Quote von 30 % geboten. Das Verfahren ist erst im Anfangsstadium, d.h es gab noch keine Gläubigerversammlung.

4) Wir erhalten die Miete für einen von uns vermieteten Lagerraum jeweils am 1.2., 1.5., 1.8. und 1.11. für 3 Monate im Voraus. Pro Quartal EUR 2.880,00 inkl. 20 % USt

Vorläufiger Gewinn EUR 54.716,30

Zusatzaufgabe:

Geben Sie bitte an, ob durch den Verkauf des LKW eine stille Reserve aufgedeckt wurde. Wenn ja, geben Sie die Höhe dieser stillen Reserve an.

Berechnungen:

BUCHUNGSLISTE			Datum: 31.12.2010	Seite:			
Beleg	Soll Konto Nr.	Haben Konto Nr.	Buchungstext	Betrag	+	-	0

Ermittlung des endgültigen Jahresergebnisses:

Kommentar zu Ü 120

ad 1) Sie müssen zunächst die Maschine für 2010 entsprechend der neuen Abschreibungsbasis auf die Restnutzungsdauer abschreiben: 60.000,00 / 6 Jahre = EUR 10.000,00. Damit ergibt sich ein Buchwert per 31.12.2010 in Höhe von EUR 50.000,00. Die Differenz zum Buchwert ohne außerplanmäßige Abschreibung (AW – bisheriger Normalabschreibung) ergibt den Wert der Zuschreibung – **vgl. Kapitel 18.3.5**

Selbstverständlich kann die Bohrmaschine als geringwertiges Wirtschaftsgut sofort als Aufwand verbucht werden – **vgl. Kapitel 18.2.4**

ad 2) Der LKW ist im Abschlussjahr noch ein halbes Jahr abzuschreiben. Anschließend ist der Restbuchwert auszubuchen – **vgl. Kapitel 18.4.2**

ad 3) Von den beiden Nettoforderungen ist die erforderliche Wertberichtigung zu ermitteln und mit dem am Konto 2080 ausgewiesenen Betrag zu vergleichen. In unserem Fall ist die Wertberichtigung zu erhöhen – **vgl. Kapitel 20.5**

ad 4) Hier handelt es sich um eine fremde Vorauszahlung, wir müssen den Mietertrag um einen Monat verringern. Beachten Sie jedoch, dass nur die Nettomiete zu korrigieren ist – **vgl. Kapitel 21.4. bzw. 21.2.2**

ad Zusatzaufgabe:

Um zu erkennen, ob eine stille Reserve durch diesen Verkauf aufgedeckt wurde, müssen Sie den Verkaufserlös dem Buchwert gegenüberstellen.

Nach Lösungsvergleich ⟶ weiter mit Übung 121

Übung 121

Erstellen Sie auf Grund untenstehender Angaben und dem Ausschnitt aus der Saldenliste per 31.12.2008 die Umbuchungsliste und ermitteln Sie das unternehmensrechtliche Jahresergebnis. Geben Sie an, ob es sich um einen Gewinn oder Verlust handelt.

Ausschnitt aus der Saldenliste zum 31.12.2010

0630 PKW	29.250,00	
1600 HW-Vorrat	18.760,00	
2630 Gläubigerpapiere Umlaufvermögen	20.400,00	
3060 Rückstellung für Schadenersatz		10.000,00
5010 HW-Verbrauch	228.795,00	
8115 Zinserträge Gläubigerpapiere UV		250,00

Vorläufiger Verlust: 38.715,00

Folgende Tatbestände sind noch zu berücksichtigen:

1) Laut Aufzeichnungen wurden Handelswaren im Wert von EUR 217.610,00 verbraucht.

   Der Endbestand lt. Inventur beträgt EUR 25.195,00. Ein eventueller Schadensfall kann als üblich angesehen werden.

2) Der PKW, Anschaffungswert EUR 36.000,00 inkl. 20 % USt wurde am 10.10.2008 angeschafft und sofort in Betrieb genommen. Der PKW wird auch unternehmensrechtlich auf 8 Jahre abgeschrieben.

   Für diesen PKW wurden 2010 folgende Ausgaben getätigt:
   - EUR 2.480,00 inkl. 20 % USt für Tanken
   - EUR 976,00 für die Versicherung
   - EUR 780,00 inkl. 20 % USt für Reparatur und Service

   Der PKW wird zu 20 % privat genutzt.

3) Als Gläubigerpapiere des Umlaufvermögens haben wir Nominale 20.000 5 % Industrieanleihe zum Kurs von 102 ausgewiesen. Der Kurs am Bilanzstichtag beträgt 100,50.

   Für diese Wertpapiere erhalten wir die Zinsen jeweils am 1.5. für 1 Jahr im Nachhinein abzüglich 25 % KESt.

4) Die Rückstellung für Schadenersatz ist zur Gänze aufzulösen. Der Schadenersatzprozess wurde gewonnen.

Zusatzaufgabe:

Mit welchem Wert würden Sie die Industrieanleihe (vgl. 3)) in die Bilanz aufnehmen, wenn sie zum Anlagevermögen gehört, der Kursverfall nicht von Dauer ist und Sie einen Verlust erwirtschaftet haben.

Geben Sie den Buchungssatz für die Abschlussbuchung des Kontos (0) „Gläubigerpapiere im Anlagevermögen" an.

Berechnungen:

BUCHUNGSLISTE			Datum: 31.12.2010	Seite:			
Beleg	Soll Konto Nr.	Haben Konto Nr.	Buchungstext	Betrag	+	-	0

Ermittlung des endgültigen Jahresergebnisses:

Kommentar zu Ü 121

ad 1) Dieser Tatbestand erfordert zwei Überlegungen und zwei Buchungen:
- den Vergleich der Zukäufe mit dem tatsächlichen Verbrauch und die daraus resultierende Korrekturbuchung
- den Vergleich Anfangsbestand + Korrekturbuchung mit dem tatsächlichen Endbestand. Die Differenz ist als Schadensfall „Abschreibung Vorräte" auszubuchen.

ad 2) vgl. Kapitel 19

ad 3) Dieser Tatbestand erfordert ebenfalls zwei Überlegungen und zwei Buchungen:
- die Bewertung der Wertpapiere – vgl. Kapitel 17.4.3
- die Zinsenabgrenzung – vgl. Kapitel 21

ad 4) vgl. Kapitel 22

Bei der Ermittlung des endgültigen Jahresergebnisses ist zu beachten, dass ein vorläufiger Verlust vorliegt. D.h. erfolgsmindernde Umbuchungen erhöhen den Verlust; erfolgserhöhende Umbuchungen verringern ihn.

Zusatzaufgabe: vgl. Kapitel 17.4.3

 Neue Informationen im Informationsteil, Kapitel 28.3

Übung zu 28.3 – Vom unternehmensrechtlichen zum steuerrechtlichen Jahresergebnis

Übung 122

Auszug aus der Saldenliste der Schönthaler OG zum 31.12.2010

0630	PKW	18.400,00	
0690	Kumulierte Abschreibung PKW		11.040,00
2090	Pauschale-WB zu Forderungen		4.800,00
3065	Rückstellung für Produkthaftung		32.100,00
4900	Erträge aus der Auflösung von WB		2.400,00
7680	Bewirtung Inland 20 % abzugsfähiger Teil	517,00	
7682	Bewirtung Inland nicht abzugsfähiger Teil	517,00	
7853	Dotation Rückstellung für Produkthaftung	12.300,00	
8100	Zinserträge aus Bankguthaben		4.568,00
8060	Zinserträge aus Gläubigerpapieren AV		16.500,00

Der PKW wird unternehmensrechtlich auf 5 Jahre indirekt abgeschrieben. Beachten Sie bitte, dass PKW steuerrechtlich auf 8 Jahre abzuschreiben sind.

Beachten Sie, dass die gesamte Rückstellung für Produkthaftung steuerlich nicht zulässig ist. Unternehmensrechtlich wird sie jährlich an den erforderlichen Stand (1 % der Umsätze) angepasst. Daher ist diese Anpassung jeweils für die Ermittlung des steuerrechtlichen Jahresergebnisses zu korrigieren.

Hinsichtlich der Zinserträge ist zu beachten, dass diese abzüglich KESt ausgewiesen sind (auch bei Personengesellschaften sind die Zinserträge endbesteuert).

Bei den Erträgen aus der Auflösung von Wertberichtigungen handelt es sich um aufgelöste Pauschalwertberichtigungen, da der Forderungsstand am Jahresende geringer war als im Vorjahr.

Variante A: unternehmensrechtlicher Gewinn EUR 138.700,00

Variante B: unternehmensrechtlicher Verlust EUR 93.100,00

Ermitteln Sie auf einem Extrablatt in übersichtlicher Form für Variante A und B das steuerpflichtige Jahresergebnis.

Kommentar zu Ü 122

ad   PKW
Die unternehmensrechtliche Abschreibung beträgt 20 % von EUR 18.400,00, d.s. EUR 3.680,00. Steuerrechtlich ist jedoch der Anschaffungswert auf 8 Jahre zu verteilen, d.h. es können nur EUR 2.300,00 als Aufwand angesetzt werden. Die Differenz erhöht den Gewinn bzw. verringert den Verlust.
Vgl. Kapitel 19

ad   Konto 4900
Da Pauschalwertberichtigungen steuerlich nicht anerkannt sind, hat deren gewinnerhöhende Auflösung auch keinen Einfluss auf das steuerliche Jahresergebnis. D.h. dieser Ertrag vermindert den steuerrechtlichen Gewinn bzw. erhöht den steuerrechtlichen Verlust.
Vgl. Kapitel 20.6

ad   Konto 7682
Nur die Hälfte der Netto-Bewirtungsspesen ist unter bestimmten Voraussetzungen steuerlich anerkannt. Die zweite Hälfte des Nettobetrages ist steuerlich jedoch keinesfalls anerkannt. Dieser Betrag erhöht daher den steuerrechtlichen Gewinn bzw. vermindert den steuerrechtlichen Verlust.
Vgl. Kapitel 15.5

ad   Konto 7853
Die Dotation (Aufwand) erhöht den steuerrechtlichen Gewinn bzw. vermindert den steuerrechtlichen Verlust.
Vgl. Kapitel 22

ad   Zinserträge
Die Zinserträge aus Bankguthaben und für die festverzinslichen Wertpapiere sind mit 25 % KESt endbesteuert, d.h. sie unterliegen nicht der Einkommensteuer. Die Nettozinserträge vermindern daher den steuerpflichtigen Gewinn bzw. erhöhen den Verlust.
Vgl. Kapitel 10.2

Nach Lösungsvergleich ⟶ weiter mit Übung 123

Übung 123

Geben Sie bitte an, welche Auswirkungen folgende Tatbestände auf den steuerpflichtigen Gewinn im Jahr 2010 haben:

(1) Der Firmen-PKW wurde am 5.8.2005 angeschafft und sofort in Betrieb genommen. Anschaffungswert EUR 27.630,00 inkl. NOVA und 20 % USt.
Unternehmensrechtlich wird der PKW auf 5 Jahre direkt abgeschrieben.

(2) Am 1.6. dieses Jahres wurde ein Darlehen in Höhe von EUR 100.000,00 aufgenommen. An Geldbeschaffungskosten dafür wurden sofort EUR 3.000,00 in Abzug gebracht. Laufzeit des Darlehens 5 Jahre.

Kommentar zu Ü 123

ad (1) Beachten müssen Sie, dass der PKW unternehmensrechtlich 2010 nur mehr ein halbes Jahr abgeschrieben werden kann, die steuerliche Abschreibung jedoch für ein ganzes Jahr zu ermitteln ist → vgl. Kapitel 19.

ad (2) Sie erinnern sich, Geldbeschaffungskosten müssen steuerlich nicht nur auf die Laufzeit des Darlehens aufgeteilt werden, im Jahr der Aufnahme muss diese Aufteilung monatsgenau erfolgen → vgl. Kapitel 11.

Nach Lösungsvergleich

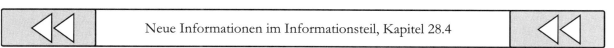

Übungen zu 30.2 – Das Kassabuch und der Kassenbericht

Übung 124

a) Kontrollieren Sie den Kassenbestand vom 10. Februar 20... Falls Sie ein Manko ermitteln, stellen Sie dafür einen entsprechenden Beleg aus, geben Sie diesem Beleg die nächste Belegnummer und tragen Sie den Buchungssatz in die Buchungsliste nach Verbuchung der vorgegebenen Geschäftsfälle ein.

b) Ermitteln Sie die Beträge für die Sammelbuchung und ergänzen Sie das Kassakonto um diese Sammelbuchung.

c) Stellen Sie die Verbuchung der Belege im Hauptbuch nach der Nettomethode dar (als Buchungsliste). Einschließlich eines eventuellen Mankos.

Tatbestände:

Bitte die Beträge **nicht** runden.

K 132 Unser Kunde Klein zahlt seine Schuld (auf Konto 20040 verbucht) EUR 2.862,00 (inkl. 20 % USt).
K 133 Für das Service für unseren LKW zahlen wir bar EUR 327,20 + 20 % USt.
K 134 Zahlung der Einkommensteuer mittels Erlagscheines bar: EUR 1.800,00.
K 135 Für diese Barzahlung mussten wir zusätzlich EUR 3,00 an Spesen bezahlen.
K 136 Kauf von Handelswaren gegen Barzahlung: EUR 600,00 – 5 % Skonto + 20 % USt.
K 137 Einzahlung auf unser Bankkonto EUR 2.000,00.
K 138 Tageslosung EUR 999,12 (inkl. 20 % USt = EUR 166,52).

Der Kassasturz ergibt einen Endbestand von EUR 252,28.

2700 Kassa

Datum	Text	Soll	Haben
01.01.	Anfangsbestand	429,60	
2.1.-9.2.	Sammelbuchungen	32.104,60	31.258,40

Einführung in die Buchhaltung im Selbststudium: Übungsteil   Ü 125

Beleg	Kontonummer, Kontobezeichnung	Soll	Haben

Nach Lösungsvergleich ⟶ weiter mit Übung 125

Übung 125

Kontieren Sie die folgenden Kassabelege vom 13.11. für das Elektrofachgeschäft Leucht & Lampe in dem beim jeweiligen Beleg vorgesehenen Raster.

Prüfen Sie bitte, ob der Kassaendbestand auf Grund der Belege dem Kassaendbestand lt. Kassasturz entspricht. Kommen Sie auf einen Fehlbetrag ist für diesen ein Beleg auszustellen und zu kontieren.

Führen Sie die Kassasammelbuchung am Kassakonto durch.

Kassaanfangsbestand EUR 537,24

Anmerkungen zu den Belegen:

K 1018: Das Grundgeschäft wurde bereits verbucht
K 1021: Das Grundgeschäft wurde bereits verbucht Die Elektrogroßhandels Gesmbh hat die Personenkonto Nr. 33004. Die Verbuchung des Skontos ist ebenfalls darzustellen. Für diese Bareinzahlung mussten zusätzlich EUR 2,00 an Gebühr bar am Schalter bezahlt werden.
K 1022: Erhielt der Inhaber bei einer Privatfahrt. Herr Leucht hat das Geld aus der Geschäftskassa genommen.

Die Tageslosung beträgt EUR 1.599,30 (Summe der Paragons)

Der Kassasturz ergibt einen Kassaendbestand am 13.11. in Höhe von EUR 2.814,39.

Ü 125   Einführung in die Buchhaltung im Selbststudium: Übungsteil

K 1018

Nettobetrag   € _____   Wien, den 13.11. 20..
+ ___ % MWSt. € _____
Gesamtbetrag   € 1.299,--
von Gudrun Schreiner Kto. Nr. 20038
Euro
In Worten Eintausendzweihundertneunundneunzig

für Zahlung AR 385/20..
richtig erhalten zu haben, bescheinigt hiermit

Leucht & Lampe
1060, Mariahilferstr. 81

Lampe

Kontonummer, Kontobezeichnung	Soll	Haben

K 1019

Briefmarken   € 60,--

Tabak-Spezialitäten
HELGA HAUSER
MARIAHILFERSTR. 72
1070 Wien

13.11.20..

Kontonummer, Kontobezeichnung	Soll	Haben

K 1020

PAPIER-BÜRO MASTNAK
Neubaugasse 31
1070 Wien

Anz.	Datum 13.11.20..	Preis	Euro	
4	Ordner	2,10	8,	40
1	Buch		9,	50
1	EDV-Zubehör		31,	40
2	Blocks	3,70	7,	40
	Total		56,	70
	Davon Ust.		9,	45
	Netto		47,	25

Besten Dank für Ihren Einkauf!
papier büro mastnak
Neubaugasse 31
1070 Wien
Verkäufer: Tel. 0222/523 345 71
Bei Irrtum oder Umtausch ist dieser Kassenzettel vorzulegen.
bene B 2090

Kontonummer, Kontobezeichnung	Soll	Haben

Einführung in die Buchhaltung im Selbststudium: Übungsteil

Beleg K 1021 – PSK-Erlagschein:

- Empfänger: ELEKTROGROSSHANDELSGMBH.
- Kontonummer Empfänger: 77269056, BLZ: 60000 PSK
- Verwendungszweck: RE. NR. 7389
- Betrag: 485,--
- −3 % Skonto 14,55
- Summe: 470,45
- Auftraggeber: LEUCHT & LAMPE, MARIAHILFERSTR. 81, 1060 WIEN
- Stempel: Wien, 13.11.20.., 1070
- 2,- Spesen

Kontonummer, Kontobezeichnung	Soll	Haben

Beleg K 1022 – Organstrafverfügung Nr. 23906

Behördenkennzahl: 19

Gemäß § 50 des Verwaltungsstrafgesetzes (VStG 1950)

Auf Grund der erhaltenen Ermächtigung wurde eine Geldstrafe Euro 30,-- (dreißig) eingehoben.

Grund (Tat): §1 Abs. 1 lit. a KÜV (Parkuhr)

begangen in: Tulln Kinlergasse 11

am 13.11.20.. um (von – bis) 16:15 Uhr

Tulln, 13.11.20.. Kornberger
Ort, Datum Unterschrift

01 BH Amstetten   08 BH Horn   15 BH Neunkirchen   22 Bundespolizeidirektion
02 BH Baden   09 BH Korneuburg   16 BH St. Pölten   St. Pölten
03 BH Bruck/Leitha 10 BH Krems   17 BH Scheibbs   24 Bundespolizeidirektion
04 BH Gänserndorf 11 BH Lilienfeld   18 BH Tulln   Wr. Neustadt
05 BH Gmünd   12 BH Melk   19 BH Waidhofen/Thaya 25 Mag. Krems
06 BH Wien-Umgebung 13 BH Mistelbach 20 BH Wr. Neustadt   26 Mag. Waidhofen/Ybbs
07 BH Hollabrunn 14 BH Mödling   21 BH Zwettl   27 Bundespoldir. Schwechat

Kontonummer, Kontobezeichnung	Soll	Haben

Buchungssatz für die Verbuchung der Tageslosung:

Kontonummer, Kontobezeichnung	Soll	Haben

Kontrolle des Kassenbestandes:

Beleg für ein etwaiges Kassenmanko:

Kontonummer, Kontobezeichnung	Soll	Haben

Sammelbuchung am Hauptbuchkonto Kassa:

2700 Kassa

Datum	Text	Soll	Haben
	Diverse	127.204,60	126.667,36

Nach Lösungsvergleich ———▶ weiter mit Übung 126

Übung 126

Ermitteln Sie die Tageslosung mittels Kassenberichtes Nr. 102 für den 6.5.20.. für das Elektro-Installationsunternehmen Lukas Eder unter Berücksichtigung der nachfolgenden Belege.

Kassaanfangsbestand EUR 196,49

Kassaendbestand lt. Kassasturz EUR 912,86

Einführung in die Buchhaltung im Selbststudium: Übungsteil Ü 126

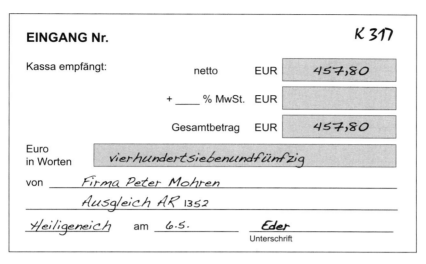

EINGANG Nr.   *K 317*

Kassa empfängt: netto   EUR   *457,80*

+ ____ % MwSt.   EUR

Gesamtbetrag   EUR   *457,80*

Euro in Worten: *vierhundertsiebenundfünfzig*

von *Firma Peter Mohren*

Ausgleich AR 1352

Heiligeneich am *6.5.*   *Eder*
                                           Unterschrift

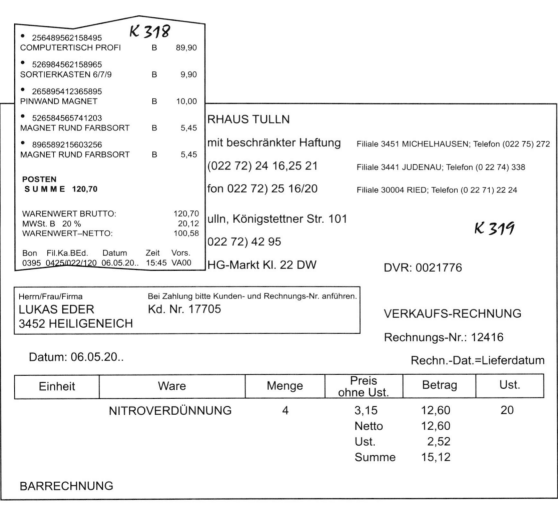

K 318

- 256489562158495
  COMPUTERTISCH PROFI   B   89,90
- 526984562158965
  SORTIERKASTEN 6/7/9   B   9,90
- 265895412365895
  PINWAND MAGNET   B   10,00
- 526584565741203
  MAGNET RUND FARBSORT   B   5,45
- 896589215603256
  MAGNET RUND FARBSORT   B   5,45

POSTEN
S U M M E   120,70

WARENWERT BRUTTO: 120,70
MWSt. B 20 %   20,12
WARENWERT–NETTO: 100,58

Bon   Fil.Ka.BEd.   Datum   Zeit   Vors.
0395   0425/022/120   06.05.20..   15:45   VA00

RHAUS TULLN
mit beschränkter Haftung   Filiale 3451 MICHELHAUSEN; Telefon (022 75) 272
(022 72) 24 16,25 21   Filiale 3441 JUDENAU; Telefon (0 22 74) 338
fon 022 72) 25 16/20   Filiale 30004 RIED; Telefon (0 22 71) 22 24
ulln, Königstettner Str. 101
022 72) 42 95   *K 319*
HG-Markt Kl. 22 DW   DVR: 0021776

Herrn/Frau/Firma	Bei Zahlung bitte Kunden- und Rechnungs-Nr. anführen.
LUKAS EDER	Kd. Nr. 17705
3452 HEILIGENEICH	

VERKAUFS-RECHNUNG

Rechnungs-Nr.: 12416

Datum: 06.05.20..   Rechn.-Dat.=Lieferdatum

Einheit	Ware	Menge	Preis ohne Ust.	Betrag	Ust.
	NITROVERDÜNNUNG	4	3,15	12,60	20
			Netto	12,60	
			Ust.	2,52	
			Summe	15,12	

BARRECHNUNG

Ü 126

K 320

Pall–Papier
Wolfgang Pall

Papier
Büro
Schreibwaren

3430 TULLN, WIENER STRASSE 18
Telefon (0 22 72) 25 62

Fa. Eder, Heiligenreich

Anz.	Datum 6.5.20..	Preis	EUR	ct
1	Kassa-Ausgang	5,70		

BEZAHLT
6. Mai 20..
PALL-PAPIER

Preis inkl. 20 % Mwst.

Bei Irrtum oder Umtausch ist dieser Zettel vorzulegen.

18 - 01631   Stiepandruck 2296

K 321

U 3441 Judenau

[Stempel: JUDENAU 06.5.0.-17 3441]

1120 000 4 0023426 5

Abgabe-PA	Gebühr	Gewicht
3441	3,30–	08

Kassenbericht Nr.   vom

Barbestand bei Geschäftsschluss

Ausgaben
1. Lieferanten

2. Geschäftsausgaben

3. Privatentnahmen

4. Sonstige Ausgänge

Summe

5. Kassenbestand des Vortages
   = Kassaeingang
6. Sonstige Eingänge

= **Tageslosung** (inkl. USt)

Unterschrift   Ort, Datum

Nach Lösungsvergleich ⟶ weiter mit Übung 127

Übung 127

Ihre Aufgabe:

Ermitteln Sie auf Grund der folgenden Tatbestände die Tageslosung für den 6. Mai 20.. ohne Verwendung eines Formulars.

Kassaanfangsbestand	EUR	567,60
Kassaendbestand	EUR	1.246,20
- Privatentnahme aus der Kasse	EUR	200,00
- Barkauf von Büromaterial:	EUR	48,60 inkl. 20 % USt
- Barzahlung der Reparaturrechnung der Stellagen im Lager	EUR	148,00 inkl. 20 % USt
- Tankbeleg für den Firmen-PKW	EUR	28,80 inkl. 20 % USt

Nach Lösungsvergleich

 Neue Informationen im Informationsteil, Kapitel 30.3

Übungen zu 31 – Die Einnahmen-Ausgaben-Rechnung

Übung 128

Ihre Aufgabe:

Tragen Sie bitte in der Lösungstabelle ein, ob und mit welchem Betrag der betreffende Tatbestand in der Einnahmen-Ausgabenrechnung **2010** sowohl nach der Brutto- als auch nach der Nettomethode zu berücksichtigen ist.
Ist der Tatbestand nicht zu berücksichtigen, machen Sie im Raster einen Strich. Geben Sie für jede Ihrer Entscheidungen in der letzten Spalte eine stichwortartige Begründung an.

Beachten Sie: Ein etwaiger Einnahmenüberschuss ist nicht zu ermitteln.

Tatbestand	Bruttomethode		Nettomethode		Begründung
	Einnahme	Ausgabe	Einnahme	Ausgabe	
2010 haben wir insgesamt ER in Höhe von EUR 57.840,00 inkl. 20 % USt erhalten. Überwiesen haben wir davon 2010 EUR 33.600,00					
14.11.10: Kauf einer neuen Büroausstattung um EUR 24.000,00 + 20 % USt. Zahlungsziel 2 Monate, die Rechnung wird daher 2010 nicht mehr überwiesen. Inbetriebnahme am 16.11.10, ND 10 Jahre					
28.12. Private Warenentnahme, Einstandspreis EUR 360,00 Verkaufspreis EUR 610,00, jeweils zuzügl. 20 % USt					
2.12.: Überweisung der Betriebsversicherung für die Monate Dez., Jän. und Feb., in Summe EUR 660,00					
Offene Ausgangsrechnungen per 31.12.2010: EUR 32.670,00 inkl. 20 % USt					
10.12.10: Wir überweisen für das Betriebsdarlehen EUR 10.000,00 an Rückzahlung und EUR 3.000,00 an Zinsen für 1/2 Jahr im Voraus.					

Kommentar zu Ü 128

Stellen Sie sich bei jedem Geschäftsfall die folgenden Fragen, wenn Sie überlegen, ob dieser Tatbestand in der Einnahmen-Ausgabenrechnung aufzunehmen ist:
- Hat der Zahlungsvorgang bereits stattgefunden?
- Ist dieser Tatbestand erfolgswirksam?

Durchbrochen wird diese Grundregel bei den Anlagen und bei der privaten Warenentnahme.

Sie wissen bereits, bei der Bruttomethode werden alle Beträge inkl. USt (Ausnahme: Eigenverbrauch) angesetzt, auch die in diesem Jahr bezahlten Zahllasten sind anzusetzen.

Nach Lösungsvergleich ⟶ weiter mit Übung 129

Einführung in die Buchhaltung im Selbststudium: Übungsteil   Ü 129

Übung 129

Per 30.11. ergeben sich folgende, steuerlich relevante Summen der Einnahmen und Ausgaben eines Altwarenwarenhändlers

Summe der Einnahmen per 30.11.	EUR 360.000,00
Summe der Ausgaben per 30.11.	EUR 240.000,00

Alle nachfolgenden Tatbestände betreffen den Dezember des laufenden Jahres und sind in den obigen Zahlen noch nicht berücksichtigt.

Alle umsatzsteuerrelevanten Tatbestände (Käufe, Verkäufe) sind brutto, d.h. inklusive USt angegeben. USt soweit nicht anders angegeben, 20 %.

(A) Ermitteln Sie den Überschuss der Einnahmen über die Ausgaben für das laufende Jahr sowohl **nach der Brutto- als auch nach der Nettomethode.**
Berücksichtigen Sie auch Abschreibungen, soweit sie sich aus den nachfolgenden Angaben ergeben.

(B) Ermitteln Sie die Zahllast für Dezember. Der Unternehmer versteuert nach vereinnahmten Entgelten.

(1)	Barverkäufe Dezember	EUR	18.000,00
(2)	Zielverkäufe Dezember	EUR	6.000,00
(3)	Rechnungseingänge aus Zielverkäufen November	EUR	9.000,00
(4)	Möbeleinkäufe als Handelsware von einer Geschäftsauflösung, auf Ziel	EUR	4.500,00
(5)	Einkauf von Beleuchtungskörpern als Handelsware aus einer Geschäftsauflösung, bar	EUR	3.000,00
(6)	Kauf eines Computers für das Büro, bar (Nutzungsdauer 5 Jahre)	EUR	12.000,00
(7)	Kauf von Regalen für das Lager, auf Ziel (Nutzungsdauer 10 Jahre)	EUR	15.000,00
(8)	Bezahlung einer Rechnung für Büromaterial vom November	EUR	1.500,00
(9)	Vorauszahlung der Geschäftsmiete für Jänner (inkl. 20 % USt)	EUR	3.600,00
(10)	Zahllast USt-Oktober - Überweisung	EUR	3.000,00
(11)	Bezahlung einer Rechnung über die Anschaffung eines Verkaufspultes vom September dieses Jahres (Nutzungsdauer 10 Jahre)	EUR	9.000,00
	Abschreibungen laut Anlagenverzeichnis	EUR	25.000,00

Ob sich aus den Positionen (6), (7) und (11) zusätzliche Abschreibungen im Abschlussjahr ergeben, ist zu prüfen. Sie sind jedenfalls in der gegebenen Zahl (EUR 25.000,00) nicht enthalten.

Ferner wurden folgende Umsatzsatzsteuerzahllasten, soweit sie bereits fällig waren, termingerecht, d.h. jeweils am 15. des übernächsten Monats überwiesen:

Zahllast für November und Dezember des Vorjahres	EUR 8.000,00
Zahllast für Jänner - bis September des lfd. Jahres	EUR 32.000,00
Zahllast für Oktober, vgl. Angabe, Punkt (10)	

Die Zahllast für November wurde mit EUR 4.000,00 errechnet. Sie wird am 15.1. überwiesen. Zahllast für Dezember ist lt. Angabe zu errechnen.

Machen Sie diese Aufstellungen in übersichtlicher Form auf einem Extrablatt.

Nach Lösungsvergleich ⎯⎯⎯▶ weiter mit Übung 130

Übung 130

Beachten Sie bitte:

Die Einnahmen-Ausgaben-Rechnung ist nach der Nettomethode vorzunehmen.
Die Zahllast ist nach den vereinnahmten Entgelten zu berechnen.

o Im Dezember werden folgende Belege dem Steuerberater übergeben:
  – **Bankbelege**
    - über Zahlungseingänge für Warenverkäufe auf Ziel (aus den Vormonaten) in Höhe von EUR 2.700,00 (inkl. 20 % USt)
    - über den Eingang des bewilligten Darlehens (für das Unternehmen) in Höhe von EUR 20.000,00
    - über eine Barabhebung für die Geschäftskasse in Höhe von EUR 500,00
    - über Überweisung diverser früher erhaltener Rechnungen (für Wareneinkäufe, div. Aufwände) in Summe EUR 4.800,00 inkl. 20 % USt.
  – **Kassaausgangsbelege** für Wareneinkäufe und Zahlung div. Reparaturen: EUR 1.800,00 (inkl. 20 % USt)
  – **Kassaeingangsbelege** für Warenverkäufe in Summe EUR 2.400,00 (inkl. 20 % USt)
  – **ER** für Zielkäufe, in Summe EUR 3.840,00 (inkl. 20 % USt)
  – **AR** für Zielverkäufe, in Summe EUR 4.620,00 (inkl. 20 % USt)
  – **Eigenbelege** über
    - Privatentnahme aus der Kassa (nicht in obigen Kassabelegen enthalten) in Höhe von EUR 200,00
    - Privatentnahme von Waren, Nettoeinstandspreis EUR 550,00 (20 % USt)

o Der Steuerberater hat die bisherigen Netto-Einnahmen in Summe mit EUR 33.600,00, die bisherigen Netto-Ausgaben in Summe mit EUR 20.400,00 vorgemerkt. In diesen Beträgen sind die Zahllasten nicht enthalten.

o **An USt-Zahllast wurden berechnet und wenn erforderlich termingerecht geleistet**

November des Vorjahres	EUR	480,00
Dezember des Vorjahres	EUR	1.240,00
Jän. - Okt. dieses Jahres	EUR	8.470,00
Nov. dieses Jahres	EUR	1.140,00

o Aus der **Anlagenkartei** entnimmt der Steuerberater folgende Daten:
  - Afa der Altanlagen: EUR 3.800,00
  - Anschaffung eines PCs im heurigen Jahr, Netto-AW EUR 1.800,00, Inbetriebnahme am 4.3., Nutzungsdauer 5 Jahre

Aufgabe:

Schlüpfen Sie in die Rolle des Steuerberaters und
  – erstellen Sie die Einnahmen-Ausgaben-Rechnung für das heurige Jahr
  – ermitteln Sie die Zahllast für Dezember dieses Jahres.

Machen Sie Ihre Aufstellungen in übersichtlicher Form auf einem Extrablatt

Kommentar zu Ü 130

Die Schwierigkeiten in diesem Beispiel liegen wahrscheinlich bei den Positionen „Darlehen", „Barabhebung für die Geschäftskasse" und „Geldentnahme aus der Kassa für private Zwecke".
Diese Tatbestände stellen zwar Zahlungsvorgänge dar, haben jedoch keine Auswirkung auf den Gewinn bzw. den Verlust des Unternehmens.

Sie sollten sich daher bei jedem Tatbestand im Rahmen der Einnahmen-Ausgaben-Rechnung folgende Fragen überlegen:
- Liegt ein Zahlungsvorgang vor?
- Ist dieser Zahlungsvorgang erfolgswirksam?

Private Waren- und Leistungsentnahmen sind **immer netto** anzusetzen. Die USt auf die Privatentnahme erhöht die Zahllast, ist jedoch **nicht als Betriebsausgabe** anzusehen (in diesem Fall ist der Unternehmer Letztverbraucher). Dieses Problem würde jedoch erst das Folgejahr betreffen.

Nach Lösungsvergleich ⟶ weiter mit Übung 131

Übung 131

Kreuzen Sie bitte die richtige(n) Aussage(n) zur Einnahmen-Ausgaben-Rechnung (Nettomethode) 2010 von Frau Aigner, einer EDV-Einzelhändlerin, an.

a) Der Diebstahl einer Maus aus dem Regal in ihrem Geschäft ist in der Einnahmen-Ausgaben-Rechnung nicht relevant.

b) Gegen den Kunden Müller besteht eine offene Forderung über EUR 1.450,00 zuzüglich 20 % USt aus der Lieferung eines Laptops. Im Sanierungsverfahren wurde dem Sanierungsplan des Kunden mit einer Quote von 30% zugestimmt. Frau Aigner muss daher in ihrer Einnahmen-Ausgaben-Rechnung 70 % des Nettobetrages der offenen Forderung (= EUR 1.015,00) erfolgsmindernd berücksichtigen.

c) Die Entnahme von EUR 400,00 aus der Geschäftskassa für private Zwecke hat keine Auswirkung auf den Gewinn (Einnahmenüberschuss) von Frau Aigner.

d) Am Jahresende muss Frau Aigner in ihrer Einnahmen-Ausgaben-Rechnung Rückstellungen für die zu erwartende Honorarnote ihres Steuerberaters berücksichtigen.

e) Da Frau Aigner ihren Gewinn (Einnahmenüberschuss) mittels Einnahmen-Ausgaben-Rechnung nach der Nettomethode ermittelt, stellt eine bezahlte USt-Zahllast eine Ausgabe und eine Vorsteuergutschrift eine Einnahme dar.

f) Frau Aigner zahlt am 1.12.2010 die Miete in Höhe von EUR 4.320,00 inkl. 20 % USt für drei Monate. Dieser Tatbestand ist mit EUR 3.600,00 in die Einnahmen-Ausgabenrechnung 2010 aufzunehmen.

g) Sie entnimmt einen Laptop als Geschenk für ihre Tochter. Nettoeinstandspreis EUR 625,00; Verkaufspreis inkl. 20 % USt EUR 999,90. Diese private Warenentnahme ist mit EUR 625,00 als Ausgabe in der E/A-Rechnung 2010 anzusetzen.

h) Am 31.12.2010 offene Ausgangsrechnungen in Höhe von EUR 36.600,00 inkl. 20 % USt sind in der Einnahmen-Ausgabenrechnung 2010 nicht zu berücksichtigen.

i) Der Warenverbrauch wurde aufgezeichnet. Es ergibt sich für 2010 ein Endbestand von EUR 14.800,00 und damit eine Bestandserhöhung von EUR 2.460,00. Diese Bestandserhöhung ist als Einnahme in die Einnahmen-Ausgabenrechnung 2010 aufzunehmen.

j) Am 4.12.2010 wurde ein neues Verkaufspult um EUR 2.800,00 + 20 % USt auf Ziel gekauft. Sofortige Inbetriebnahme, ND 10 Jahre. Da das Verkaufspult 2010 nicht mehr bezahlt wird, hat dieser Kauf und die Inbetriebnahme keine Auswirkung auf die Einnahmen-Ausgabenrechnung 2010.

Nach Lösungsvergleich ⟶ sollten Sie sich eine längere Pause gönnen und später nochmals jene Übungsbeispiele durchgehen, bei denen Sie Probleme hatten.